Gisela Notz

Die neuen Freiwilligen

Das Ehrenamt – Eine Antwort auf die Krise?

AG SPAK Bücher – M 134 – Kleine Reihe 2. aktualisierte Auflage

Dr. phil. Gisela Notz: Sozialwissenschaftlerin, arbeitet als wissenschaftliche Referentin im Forschungsinstitut der Friedrich-Ebert-Stiftung, Bonn. *Arbeitsschwerpunkte:* Arbeitsmarkt- und Sozialpolitik, Forschung zu bezahlt und unbezahlt geleisteter Arbeit, berufliche Bildung, historische Frauenforschung. Zahlreiche (Buch-)*Veröffentlichungen* zu diesen und anderen Themen. u.a.:

- Gisela Notz: Du bist als Frau um einiges mehr gebunden als der Mann. Die Auswirkungen der Geburt des ersten Kindes auf die Lebens- und Arbeitsplanung von Müttern und Vätern. Bonn 1991
- Gisela Notz: Auf der Suche nach den neuen Vätern. Frankfurt/M. 1995 (2. Auflage)
- Gisela Notz: Verlorene Gewißheiten? Individualisierung, soziale Prozesse und Familie. Frankfurt/M. 1996 (2. Auflage 1999)

Impressum:

2. aktualisierte Auflage 1999

ISBN 3-930 830-09-4

Umschlaggestaltung und Satz: H. Zimmermann, W. Schindowski
Erscheinungsort: Neu-Ulm

Die Veröffentlichung erscheint als M 136
in der Reihe Materialien der AG SPAK bei

AG SPAK Publikationen	Tel. (07308) 91 92 61
Holzheimer Str. 7	Fax (07308) 91 90 95
89233 Neu-Ulm	www.leibi.de/spak-buecher

Mitglied bei aLiVe (assoziation Linker Verlage)

Auslieferung: sova, Friesstr. 20-24, 60388 Frankfurt, Fax (069) 410280

Die Deutsche Bibliothek – CIP-Einheitsaufnahme

Notz, Gisela:
Die neuen Freiwilligen : das Ehrenamt - eine Antwort auf die Krise / Gisela Notz. - 2. Auflage Neu-Ulm : AG-SPAK-Bücher, 1999
(Materialien der AG SPAK ; M 134 : Kleine Reihe)
ISBN 3-930830-09-4

AG SPAK Bücher
Arbeitsgemeinschaft sozialpolitischer Arbeitskreise

Inhalt

Einige notwendige Vorbemerkungen 7
Vier Millionen Erwerbslose zu viel 9
Was aber ist eine Krise? 10
Der Sozialstaat ist in der Krise 11
Die Familie ist in der Krise 14
Die Arbeitsgesellschaft ist in der Krise 16
Das Normalarbeitsverhältnis ist in der Krise 18
Das Ehrenamt ist in der Krise 20
Das „neue" Ehrenamt 27
Andere Formen der Arbeit 30
Neue Freiwilligkeit als Gegenferment zur Kriminalisierung 31
Neue Freiwilligkeit als Gegenferment zur Erwerbslosigkeit 35
Neue Freiwilligkeit zur Eröffnung neuer Handlungschancen 42
Von der Freiwilligenarbeit zur Pflichtarbeit 44
Was soll mit den neuen Konzepten erreicht werden? 46
Kritik an den Sozialverbänden 49
Was ist neu an den „neuen Freiwilligen"? 53
Alter Wein in neuen Schläuchen? 56
Konzepte für die Zukunft 60
Umverteilung für alle statt Einteilung in Sektoren. 62
Orte des Gemeinsinns und des guten Lebens 66
Literatur 70

In der aktuellen sozialpolitischen Diskussion haben sie Konjunktur, die „neuen Freiwilligen". Soziale Versorgung wird großflächig reprivatisiert, staatlichen Kürzungen zum Opfer fallende soziale Einrichtungen werden der Wohlfahrt überantwortet bzw. der ehrenamtlichen Arbeit und Selbsthilfe übergeben – und all dies wird mit dem ideologischen Mäntelchen des Vorteils menschlicher Wärme in kleinen sozialen Netzwerken im Vergleich zur Kälte der professionellen Hilfeexperten in den Betreuungseinrichtungen gnädig zugedeckt. Die Lage der ArbeitnehmerInnen ist durch zunehmende ökonomische und soziale Unsicherheit zu charakterisieren. Erwerbslosigkeit und Armut nehmen einen erschreckenden Umfang an. Damit wächst auch die Zahl der Hilfsbedürftigen.

Bevor Beschreibungen der Konzepte und Perspektiven für die „neuen" Arbeitsformen der „neuen Freiwilligen" aufgezeigt werden können, wird es notwendig, einige Vorbemerkungen zu machen und auf die Krisenszenarien von Sozialstaat, Familie und Arbeitsgesellschaft einzugehen, die schließlich den Ruf nach „neuer" Freiwilligkeit begründen.

Einige notwendige Vorbemerkungen

WissenschaftlerInnen und PolitikerInnen warnen vor der sozialen Kälte, die morgen regieren wird, wenn wir uns heute nicht ändern. Wer aber sind „wir"? Und wer wird für die vorhergesehene soziale Eiszeit verantwortlich gemacht? 80 Prozent derjenigen, die die unmittelbar mit Sorge und Pflege verbundenen „ehrenamtlichen“ Arbeiten ausführen, sind Frauen. Und sie werden für die Zukunft nicht ausreichen, um die Wunden zu heilen und die Löcher im sozialen Netz zu stopfen. Es finden sich immer wieder Argumente wie die folgenden: Soll die gesamte soziale Arbeit und die Arbeit im Gesundheitsbereich von professionellen HelferInnen erbracht werden, ist sie nicht mehr bezahlbar; deshalb ist ergänzend zum institutionell und professionell organisierten Hilfesystem freiwilliges, sogenanntes „ehrenamtliches“ Engagement erforderlich. Zudem könnten und wollten sich nicht alle Menschen im Beruf verwirklichen, sondern würden ihre Zufriedenheit in der Familie, beim bürgerschaftlichen Engagement und in der freiwilligen Nächstenhilfe finden. Denn: „Die Familie ist den Frauen wichtigster Orientierungspunkt der Lebensführung und -planung“ (Kommission für Zukunftsfragen 1997, Teil II, S. 39). Sind Frauen einmal in der Familie und in der Rolle der (noch teilweise berufstätigen) Mutter, so können sie die Pflege von Alten und Hilfsbedürftigen und die „freiwillige“ Arbeit in Ehrenamt und Selbsthilfe gleich mit erledigen.

Angeprangert werden die verkrusteten Strukturen der Wohlfahrtsverbände und anderer Organisationen, die die unbezahlte und scheinbar auch unbezahlbare Arbeit für zu wenige attraktiv machen. Wenn es endlich gelänge, weitere ehrenamtliche „Potentiale“ – vor allem unter den jüngeren Menschen – zu gewinnen, könnte man zwei Fliegen mit einer Klappe schlagen: Der Arbeitsmarkt würde entlastet und noch mehr Hilfsbedürftige würden zum Nulltarif versorgt.

Vier Millionen Erwerbslose zu viel

Die Konjunktur boomt, Deutschland ist Exportweltmeister, aber die Arbeitslosenquote lag in Okotber 1999 noch immer bei beinahe vier Millionen registrieter Erwerbslose (3,94 Mill). Und das sind 3,94 Millionen zu viel. Ganz zu schweigen, von den vielen Erwerbslosen, die aus den verschiedenen Gründen bereits aus den Statistiken verschwunden sind. Ganz deutlich und zunehmend ist das Ost-West-Gefälle an den aktuellen Quoten. Im Osten waren im Oktober 1999 17,2% aller Erwerbspersonen, im Westen 8,3% ohne bezahlte Arbeitsstelle. Die hohe Erwerbslosigkeit wird (von Teilen der Bevölkerung) als das gravierendste Problem angesehen. Besonders bedrükkend ist die große Zahl der jugendlichen Erwerbslosen und die trotz spektakulärer Kampagnen fortdauernde prekäre Ausbildungssituation sowie die steigende Zahl der Langzeiterwerbslosen. Viele sind bereits seit Jahren ohne Erwerbsarbeit und haben inzwischen jegliche Hoffnung aufgegeben, einen regulären Arbeitsplatz (im ersten oder zweiten Arbeitsmarkt) zu finden. Was das für Frauen heißt, die einen überproportionalen Anteil an den Erwerbslosen und Langzeiterwerbslosen stellen, ist bekannt. Sie sollen zu den ihnen „angestammten“ Orten in Küche, Kirche und Kinderzimmer zurückkehren. Damit könnten die beklagten Krisen unserer Arbeitsgesellschaft und die mit Globalisierung und „Standortfrage“ einhergehenden Arbeitsmarktprobleme mit einem Streich gelöst werden.

„Die internationalen Märkte zwingen uns...“, wie von einer Schallplatte mit Sprung wird uns dieser Satz seit einigen Jahren eingehämmert. Die ArbeitgeberInnen schieben damit die „Schuld“ für die Krise auf die Globalisierung. Sie wollen sagen: „Die internationalen Märkte zwingen uns, mit immer weniger und immer schlechter bezahlten Arbeitskräften immer mehr zu produzieren. Und sie handeln danach. Gleichzeitig wird der gesamte Sozialstaat in Frage gestellt, weil die bisherige Sozialpolitik angeblich dazu geeignet erscheint, die Rolle der „Wohlfahrtskonsumenten“ zu fördern, anstatt Eigeninitiative und Selbsthilfe zu stützen. Jetzt sei nicht nur der Sozialstaat in der Krise, sondern auch die Zivilgesellschaft.

Was aber ist eine Krise?

Krise kommt aus dem griechischen „Krisis“ und heißt so viel wie „Entscheidung“ oder „entscheidende Wendung“. Krise bezeichnet meist eine schwierige, gefährliche Lage, also eine Zeit, in der es um Entscheidungen geht. In der Wirtschaftstheorie bezeichnet Krise einen plötzlichen Umschwung der Hochkonjunktur in eine Phase wirtschaftlicher Zusammenbrüche und der Depression. Sie kann entstehen, indem es infolge von Absatzstockungen zu einem Abbruch der Hochkonjunkturphase kommt, der sich dann in Preisverfall, Häufung von Konkursen und wachsender Erwerbslosigkeit äußert. Die meisten Krisentheorien gehen davon aus, daß die Entwicklung der Wirtschaftsprozesse kapitalistischer Gesellschaften wirtschaftlichen Wechsellagen unterliegen. Das heißt, daß nach einem Aufschwung Hochkonjunktur folgt, dann eine Krise, die Depression erzeugt und danach eine Phase der Erholung. Das hieße, man muß lange genug warten, bzw. – besser – die richtigen „Maßnahmen“ auflegen, dann erholt sich die Wirtschaft und der Sozialstaat wieder aus der Krise. Eine Krise ist demnach etwas Vorübergehendes. Fraglich ist, ob die epochale Umbruchsituation, in der wir uns befinden, überhaupt als Krise bezeichnet werden kann. Dennoch war noch nie so viel die Rede von Krise wie heute.

Der Sozialstaat ist in der Krise

Der westdeutsche Sozialstaat mit der „sozialen Marktwirtschaft“, der „Sozialpartnerschaft“ und einem System von Sozialversicherungen ist – so wird es von PolitikerInnen aller Couleur beklagt – in der Krise. Die Kassen sind leer, und die vormundschaftliche Wohlfahrtspolitik mache den einzelnen zum passiven Konsumenten „fürsorglicher Belagerung“ (Kaupp 1998). Damit wird den Schwächeren in unserer Gesellschaft unterstellt, sie würden konsumieren, ohne die Finger zu krümmen. Vergessen wird, daß es – nach Art. 20 und 28 des Grundgesetzes für die BRD – Aufgabe staatlicher Sozialpolitik ist, möglichst große soziale Sicherheit und Chancengleichheit für alle Bevölkerungsmitglieder zu gewährleisten. Mit dem Sozialstaatsprinzip wird der Staat auf eine aktive Rolle zur Herstellung sozialer Gerechtigkeit festgelegt. Die leeren Kassen und die Einschränkungen bei den Sozialinvestitionen lassen es fraglich erscheinen, ob der Sozialstaat diesen seinen Aufgaben überhaupt noch gerecht wird.

Die Ursache für die leeren Kassen der sozialen Sicherungssysteme ist vor allem darin zu sehen, daß lediglich ArbeiterInnen und Angestellte in die Versicherungen einbezahlen müssen und daß – bedingt durch die hohe Erwerbslosigkeit und das Ansteigen von nicht versicherungspflichtigen sogenannten „630-DM-Jobs", unbezahlten Jobs und „illegaler" Arbeit – die Anzahl der EinzahlerInnnen immer weniger wird. Schließlich arbeiten in der BRD bereits ein Drittel aller Menschen, die abhängig beschäftigt sind, in „nicht-normalen" Beschäftigungsverhältnissen. Arbeits- und sozialrechtlich geschützte, sichere, dauerhafte Erwerbsarbeitsplätze bleiben für immer mehr Menschen, egal ob sie qualifiziert sind oder nicht, unerreichbar.

Seit Mitte der sechziger Jahre wurde aufgrund von Krisenerscheinungen in der Wirtschaft die Erreichung der angestrebten Chancengleichheit fraglich. Die sich ergebenden Zielkonflikte zwischen sozialpolitischen Aufgaben und wirtschaftsfördernden Maßnahmen führten zu Einschränkungen bei Sozialinvestitionen, besonders im Bildungswesen. Die finanzielle Lage der Renten- und vor allem auch der Arbeitslosenversicherung verschlechtert sich laufend. Immer wieder wird die finanzielle Beteiligung der NutznießerInnen von Sozialausgaben (etwa bei der Krankenversicherung, Altersversicherung) vorgeschlagen.

Mit der Debatte über die Krise des Sozialstaats steht jedenfalls ein zentrales Element des Gesellschaftssystems der Bundesrepublik auf der politischen Tagesordnung. Hinter der Diskussion um die Krise des Sozialstaats verbirgt sich ein Verteilungskampf. Seit einigen Jahren ist in der BRD ein Trend zu einer steigenden sozialen Ungleichheit zu registrieren. Dies resultiert vor allem aus der ständig größer werdenden Ungleichverteilung von Einkommen und Erwerbsarbeit.

Die Erwerbslosigkeit entwickelt sich immer mehr zur Geißel des Sozialstaates, europaweit. Zunehmend gerät die Armut in ihren Sog. In Deutschland ist diese Entwicklung in den neuen Bundesländern besonders ausgeprägt, zumal zum Zeitpunkt der Wiedervereinigung die soziale Ungleichheit dort noch wesentlich schwächer war als in der Alt-BRD. Die Zahl der Langzeiterwerbslosen und der erwerbslosen Jugendlichen nimmt besonders in den neuen Ländern ungeheure Ausmaße an. Erwerbslosigkeit bedeutet für die meisten Menschen nicht nur materielle Not, sondern auch den Ausschluß aus gesellschaftlichen Zusammenhängen und Beteiligungsprozessen. Indem immer wieder der Mißbrauch oder zumindest fahrlässige Verbrauch von Sozialleistungen angeprangert wird, wird der einzelne verantwortlich gemacht, unnützer Kostgänger auf dem Rücken anderer zu sein. Damit wird davon abgelenkt, daß das Erwerbslosenproblem das dringendste Problem unserer Zeit ist.

Die Familie ist in der Krise

Immer mehr Menschen wollen „ihre Kugel alleine schieben“. Das hat der Amerikaner Robert Putnam das „Bowling-alone-Phänomen“ genannt. Putnam sieht im Rückgang des „sozialen Kapitals“ eine bedrohliche Minderung der ökonomischen Zukunftschancen. Denn das soziale Kapital mit seinen Normen und Netzwerken bürgerschaftlichen Engagements sei wichtig für die ökonomische Entwicklung. Keupp (1998) greift diesen Gedanken auf und verweist auf moderne Wirtschaftsexperten, die als wichtigste Qualifikationen für die Zukunft Phantasie, Kreativität, Reflexionsfähigkeit, Gemeinschaftsfähigkeit und die Fähigkeit zu gemeinsamen Visionen fordern und fördern. Eine auf individuelle Durchsetzungsfähigkeit und Konkurrenz gebaute Gesellschaft wirke sich hingegen verheerend auf jede Art von Unternehmung aus. Gelernt werden diese Zukunftsqualifikationen in erster Linie in der Familie, aber auch die ist in der Krise. Und diese Krise ist schuld, daß die jungen Menschen in dieser Hinsicht schlecht ausgebildet sind. Nicht nur, weil Frauen die angestammten Orte in Küche, Kirche und Kinderzimmer reihenweise verlassen, sondern auch, weil Männer nicht bereit sind, die entstehenden Lücken zu füllen, und weil Menschen, die in der Familie alte und andere pflegebedürftige Menschen betreuen (das sind fast ausschließlich Frauen), wenn sie selbst alt werden, nach wie vor zur Armut verurteilt sind.

Tatsächlich verlassen Frauen die Familiennester. Sie lösen sich damit aus Abhängigkeiten, die Männer nie kannten. Es gibt viele Spekulationen darüber, warum die traditionellen Familienbande reißen. Das geänderte Rollenverständnis der Frauen, auch wenn sie Mütter oder Großmütter sind, der verstärkte Wunsch nach Teilnahme an der außerhäuslichen gesellschaftlichen Produktionsarbeit ist es vor allem, was den Veränderungsprozeß der Familie determiniert. Der Wunsch nach Teilhabe an der gesellschaftlich organisierten Arbeit führt selbst dann, wenn er nicht sogleich realisiert werden kann, dazu, daß nicht mehr selbstverständlich davon ausgegangen werden kann, daß Haus- und Sorgearbeiten billig oder kostenlos wie in der Vergangenheit durch Frauen erledigt werden. Die „neuen Freiwilligen" sind es, die diese Lücken schließen könnten. Sie sollen dafür sorgen, daß die von der Familie entwurzelten hilfsbedürftigen Menschen nicht unversorgt bleiben. Gesellschaftssysteme der Vergangenheit werden als „gute alte Zeit" glorifiziert und die RepräsentantInnen von Emanzipation und Rationalität gleichsam als das eigene schlechte Gewissen verfolgt. Frauen, die ihre „natürlichen" Aufgaben verweigern, werden wie früher schon als nicht „normal" bezeichnet und für eine inhumane Gesellschaft verantwortlich gemacht.

Gute alte Zeit, das heißt auch eine Restauration des alten Familienbildes. Dazu gehört die Vorstellung von einem Familienmodell, durch das Frauen die Existenz aus eigener Arbeit verwehrt wird, das sie auf die traditionelle Rolle als Hausfrau, Mutter, ehrenamtlichen Arbeiterin oder Zuverdienerin festlegt. Prestigebehaftete Begriffe wie Moral, Gerechtigkeit, Gemeinschaft und Gemeinsinn sollen die Einengung oder Diskriminierung von Freiheiten Anderslebender bemänteln.

Die Arbeitsgesellschaft ist in der Krise

„Was uns bevorsteht, ist die Aussicht auf eine Gesellschaft, der die Arbeit ausgegangen ist, also die einzige Tätigkeit, auf die sie sich noch versteht. Was könnte verhängnisvoller sein?“

Das hat Hannah Arendt bereits 1958 geschrieben. Sie meinte sicher die existenzsichernd bezahlte Arbeit, orientiert an spezifisch männlichen Lebensmustern und Wertvorstellungen. Schließlich sind Arbeit und Arbeitsgesellschaft nicht deshalb in der Krise, weil es nicht genügend zu tun gäbe. Dann wäre es absurd, nach „neuen Freiwilligen“ zu rufen. Die Arbeitsgesellschaft ist vor allem deshalb in der Krise, weil unter Arbeit vorwiegend industrielle Arbeit, die der Herstellung und Umgestaltung von Waren dient, verstanden wird und weil die Verteilung dieser Arbeit, die tatsächlich aus den verschiedensten Gründen immer weniger wird, und der Einfluß an der Gestaltung der Arbeitsbeziehungen wesentlich auf ein Geschlecht begrenzt bleibt. Die entscheidende Frage lautet also nicht, ob es genügend Erwerbsarbeit gibt, sondern, ob es genügend existenzsichernde Arbeit gibt und wie sie verteilt und bewertet wird.

Der analytische Stellenwert von Prognosen einer Zwei-Drittel- oder Vier-Fünftel-Gesellschaft oder einer neuen Klassengesellschaft von einer gut verdienenden Elite aus TechnokratInnen und UnternehmerInnen im „Wissenssektor“ ganz oben, darunter einer Klasse von Menschen, die sich zwischen Selbständigkeit und ungeschützten Arbeitsverhältnissen bewegen, und unter diesen die Klasse derjenigen, die das System eigentlich nicht mehr benötigt und die sich mit gelegentlichen Dienstleistungen über Wasser halten, indem sie lernen, anderen zu dienen, soll nicht in Frage gestellt werden. Problematisch wird es, wenn diese Bilder nicht mehr als Zustandsbeschreibungen oder Schreckbilder benutzt werden, sondern als unabänderlich dargestellt, ja sogar zu Zielvorstellungen werden (z.B. Kommission für Zukunftsfragen 1997, Club of Rome 1998).

Es ist doch kein Wunder, daß die Prognose, daß den Arbeitsgesellschaften die (existenzsichernd bezahlte) Arbeit ausgeht, so angstbesetzt ist. Bereits Jugendliche wachsen in eine Welt hinein, die ihnen Angst macht. Fragt man die Jugendlichen selbst nach dem „Hauptproblem der Jugendlichen heute“, wie es die Shell-Studie 1997 getan hat, so nennt fast jeder zweite in Ost und West das Thema Erwerbslosigkeit. Und dies um so häufiger, je älter die Jugendlichen – egal ob Frauen oder Männer – sind. Diesen Jugendlichen fehlt das Vertrauen in die Demokratie. Sie verlieren das Zutrauen in Politik, weil ihre Probleme – zu denen in erster Linie die Erwerbslosigkeit zählt – in der politischen Rhetorik meist unter dem Vorzeichen von „Sachzwängen“ diskutiert werden, an denen man angeblich aktiv nichts ändern kann. Kein Wunder, daß sie nur Risiken und Gefahren und überhaupt keine Chancen in den gegenwärtigen Veränderungen sehen.

Das Normalarbeitsverhältnis ist in der Krise

Die Diskurse um die Zukunft der Arbeit und der Mythos vom Ende der Arbeit gehen beide von einem antiquierten Arbeitsbegriff aus, der aus feministischer Sicht recht fragwürdig erscheint. Die viel zitierte Arbeitsgesellschaft mit dem Normalarbeitsverhältnis gewährleistete – bei genauerem Hinsehen – auch in der Vergangenheit nur ein geschlechtsspezifisch gebrochenes Recht auf soziale Teilhabe und politische Mitwirkung, weil der größte Teil der Arbeit – und dazu gehört auch die Arbeit der „Freiwilligen" – eben nicht oder nur in geringem Maße mit sozialer Teilhabe, die sich aus einem Einkommensanspruch ableitet, verbunden ist und weil dieser Teil der Arbeit auch nur ganz geringe politische Beteiligungsmöglichkeiten zuläßt. Normalarbeitsverhältnis, so zeigt es der Blick in die Geschichte, hieß immer: Männer arbeiten in der Erwerbsarbeit und Frauen in der Familie und im sozialen Ehrenamt, allenfalls ergänzt durch einen weiblichen „Zuverdienst". Die Wiederherstellung der traditionellen „Vollbeschäftigung" ist, wenn sie überhaupt möglich wäre, aus feministischer Sicht gar nicht wünschenswert. Auch für viele Männer ist das Modell nicht (mehr) erstrebenswert.

Die Abneigung gegen diese alte Art von „Vollbeschäftigung" ist ganz sicherlich auch ein Grund, warum Frauen nun für die Erosion des Normalarbeitsverhältnisses und für die wachsende Erwerbslosigkeit verantwortlich gemacht werden. Denn ihre ständig „steigende Erwerbsneigung" (West) und ihr hartnäckiges Festhalten an der Erwerbsbeteiligung (Ost) wird wie eine ansteckende (West) oder unheilbare Krankheit (Ost) diskutiert. Diese „Erwerbsneigung“ hat sich bei den ostdeutschen Frauen nicht, wie zu Beginn der Wiedervereinigung erwartet, zurückentwickelt. Sie müsse reduziert werden, betonen PolitikerInnen seit dem Zusammenschluß der beiden deutschen Staaten immer wieder und in den letzten Jahren immer öfter und immer deutlicher. Das würde nicht nur bezahlte Arbeitsplätze für Männer schaffen, sondern auch der Restauration der Familie dienen und der Restauration der mit „Nächstenliebe“ in Verbindung gebrachten „Freiwilligenarbeit“ ohnehin. Denn diese „Krankheit“ ist es angeblich, die dazu führt, daß auch die „Normalfamilie“ nicht mehr funktioniert und der Gemeinsinn in unserer Gesellschaft zu wünschen übrig läßt. „Erwerbsneigung“ ist ein zutiefst antifeministischer Begriff, solange er nicht auch für Männer benutzt wird und solange nicht ebenso deren mangelnde „Haus- und Sorgearbeitsneigung“ problematisiert wird. Trotz dieser Polemiken gegen die ungezügelte „Erwerbsneigung“ haben regelmäßig neu aufgelegte Befragungen immer das gleiche Ergebnis: Hausfrauendasein ist für Ostfrauen keine erstrebenswerte Alternative und für die meisten Westfrauen auch nicht. Nach der Allbus-Befragung vom Frühjahr 1994 betrachten sich nur ein Prozent der ostdeutschen Frauen und 26 Prozent der westdeutschen als freiwillige Hausfrauen. Erwerbslosen Männern wurde die Frage ganz offensichtlich gar nicht gestellt.

Es besteht kein Zweifel: Die industrielle Arbeit wird weiter schrumpfen. Der Strukturwandel kann durch Wachstum nicht abgefangen werden, es sei denn, wir produzieren nach dem Motto: „Hauptsache Arbeit“ zur Fertigung irgendwelcher Produkte, durch die der sowieso schon vorhandene Müllberg weiter vergrößert wird oder wir fordern die Herausgefallenen auf, Dienstleistungen im Niedriglohnbereich anzubieten, nach dem Motto: „Jede Arbeit ist besser als keine“.

Politik und Gewerkschaften setzen immer noch auf Wirtschaftswachstum, obwohl die Grenzen des Wachstums vielfach diskutiert sind. Die Kehrseite heißt wachsende Naturzerstörung, Ressourcenverschleiß, soziale und gesundheitliche Gefährdungen der Menschen und andere „Modernisierungsrisiken“, welche die Mitwelt der Menschen betreffen. Fest steht, daß eine Vollbeschäftigung auf der Basis der klassischen Vollerwerbstätigkeit weder machbar, noch wünschenswert ist. Der Dienstleistungsbereich wird die Schrumpfungen im Produktionsbereich nicht abfangen können, weil dort ebenfalls rationalisiert wird. Zur Bekämpfung der steigenden Erwerbslosigkeit hält die Bundesregierung für die Zukunft noch tiefere Einschnitte als bisher in die soziale Sicherung für erforderlich. PolitikerInnen (fast) aller Parteien hoffen auf das sogenannte „Ehrenamt“.

Das Ehrenamt ist in der Krise

Aber auch das Ehrenamt ist in der Krise. Das trifft vor allem zu, wenn die ehrenamtliche Arbeit damit gemeint ist. Diese Arbeitsform wird unbezahlt geleistet und zu circa 80 Prozent durch Frauen ausgeführt, während Männer die gleiche Menge der Ehren-Ämter innehaben.

Im bundesdeutschen Diskurs muß zwischen dem politischen und sozialen Ehrenamt unterschieden werden. Dennoch kann nicht übersehen werden, daß unbezahlte Arbeit im Sozial- und Gesundheitsbereich auch oft politische Elemente enthält. Wir unterscheiden :

a) Das politische *Ehrenamt* in den Vorständen der Wohlfahrtsverbände, in Aufsichtsräten, Rundfunk- und Fernsehräten, kulturellen, gesellschaftlichen, politischen, wirtschaftlichen und wissenschaftlichen und kirchlichen Gremien. Es wird noch immer vor allem von Männern neben der Berufsarbeit ausgeführt. Meist werden sie unter Fortzahlung der Bezüge von der Arbeit freigestellt und bekommen zusätzlich nicht unerhebliche Aufwandsentschädigungen. Frauen kommen im politischen Ehrenamt nur selten vor. „Männer leiten – Frauen tragen die Kirche", so geht es aus einer Studie über die ehrenamtliche Arbeit der evangelischen Kirche in Bayern hervor (Reihs 1995). Das gilt für fast alle Organisationen, in denen „Ehrenamtliche" eine Rolle spielen.
b) Die *ehrenamtliche Arbeit* in sozial-kulturell-ökologischen Bereichen als (unbezahlte) Arbeit oder (sozial ungeschützte) Dienstleistung. Meist sind es helferische Funktionen im Sinne von sozialen, gesundheitlichen und pflegerischen Dienstleistungen für Menschen, die sich nicht, noch nicht, nicht mehr oder vorübergehend nicht selbst helfen können. Ohne ehrenamtliche Arbeit würde das System

der sozialen Dienste zusammenbrechen. Damit blieben die der Sorge und Hilfe bedürftigen Menschen unversorgt.

In den Vorständen der Wohlfahrtsverbände und anderer Hilfsorganisationen finden sich nach wie vor weit überwiegend Männer. Es sind zumeist Frauen, die „ehrenamtlich“ neben ihrer Berufs- und Hausarbeit anderen helfen, denen es schlechter geht als ihnen selbst. Diskussionen darüber, was geschehen muß, damit Frauen verstärkt Zugang zu Leitungspositionen bekommen, werden vor allem von Frauen in Wohlfahrtsverbänden, Kirchen und anderen karitativen Institutionen geführt.

Der Begriff ehrenamtliche Arbeit unterstellt einen Arbeitsbegriff, in dem Arbeit nur als bezahlte anerkannt wird, während ein riesiger Sektor gesellschaftlich notwendiger Arbeit als solche desartikuliert ist. Das symbolische Entgelt „Ehre“ hat die Funktion, zusätzliche notwendige Arbeitskraft außerhalb der Lohnform wie außerhalb der Familie zu mobilisieren. Damit wird ehrenamtliche Arbeit ein Einfallstor für Ideologie, aber auch für die Kritik an der Lohnform der Arbeit.

Der Begriff „ehrenamtliche Arbeit“ wurde und wird immer wieder in Frage gestellt, weil es sich letztlich um eine Arbeit handelt, die jenseits von Amt und Ehre geleistet wird. Aber auch der Begriff „freiwillige“ Arbeit erscheint unzutreffend, weil er verschleiert, daß Alternativen zur „freiwilligen“ unbezahlten Arbeit für die meisten der ehrenamtlichen ArbeiterInnen nicht zur Verfügung stehen. Es spricht einiges dafür, die Begriffe ehrenamtliche Arbeit und ehrenamtliche Tätigkeit beizubehalten, solange keine besseren gefunden worden sind. Eine bloße begriffliche Reform dieser Arbeit reicht – wie die jüngsten Diskussionen zeigen – ohnehin nicht aus. Sie müßte einhergehen mit einer gründlichen Veränderung in Form, Zweck, Inhalt, Organisation und geschlechtsspezifischer Aufteilung. Solche Veränderungen hätten sicherlich auch Auswirkungen auf die professionelle soziale und Gesundheitsarbeit zur Folge und zur Voraussetzung. In jüngster Zeit hagelt es „neue" Begriffe. Sie sollen letztendlich das alte Ehrenamt attraktiv machen.

Denn: ExpertInnen weisen immer wieder besorgt darauf hin, daß die in den Wohlfahrtsverbänden und den anderen „klassischen Trägern", wie den beiden großen Kirchen, zusammengeschlossene Ehrenamtlichkeit rückläufig ist. Neue, jüngere Mitglieder zu finden, sei kaum möglich, die Verbände neigen zur Überalterung. Das sei zumindest in den Bereichen der Fall, bei denen es sich um Arbeiten handelt, die Züge des sogenannten traditionellen Ehrenamtes aufweisen, also etwas für andere tun, etwas (uneigennützig) an andere abgeben. Für diese Entwicklung werden vor allem vier Trends verantwortlich gemacht:

- zunehmende Individualisierung
- veränderte Ansprüche der Fun-Generation
- ein Wertewandel hin zu „hedonistischen Moralen"
- ein Bedeutungsverlust traditioneller Gemeinschaften wie Familie, Nachbarschaft, Kirchengemeinde, Verbände und Vereine und damit einhergehend
- ein Zerfall gewachsener sozialer Netzwerke.

Dabei ist das Ausmaß der geleisteten ehrenamtlichen Arbeit durchaus nicht gering. Das Statistische Bundesamt weist 1992 zwölf Millionen ehrenamtlich arbeitender BundesbürgerInnen aus, während die Wohlfahrtsverbände seit vielen Jahren mit 1,5 Millionen organisierter Ehrenamtlicher rechnen. Nach einer 1998 aufgelegten Studie (Globus) sind rund 20 Millionen Menschen in der Bundesrepublik Deutschland ehrenamtlich tätig. In den alten Bundesländern engagieren sich nach diesem Bericht neun Prozent und in den neuen Bundesländern fünf Prozent einmal in der Woche ehrenamtlich.

Aufsehen allerdings hat in der BRD eine Studie erregt, die einen europäischen Vergleich über bürgerschaftliches Engagement beinhaltet (Gaskin u.a. 1996). Sie zeigt nämlich das Ergebnis, daß die Bundesrepublik Deutschland keinesfalls an der Spitze liegt, wenn es um das ehrenamtliches Engagement (sog. Volunteering) geht. Und die BRD möchte doch gerne an der Spitze liegen. Beim „Volunteering", so geht es aus der Studie hervor, kommt ihr nur der drittletzte Rang unter den zehn untersuchten Ländern zu. Spitzenreiter sind die Niederlande, Schweden, Belgien, Dänemark, Großbritannien und Irland. Schweden und Dänemark sind Länder mit (noch) hohen Standards, wenn es um die sozialstaatlichen Leistungen geht. Hieraus wird deutlich, daß bürgerschaftliches Engagement nicht durch einen Rückzug des Sozialstaates erleichtert wird, wie es konservative PolitikerInnen immer wieder diskutieren.

Die „Eurovol-Studie“ zeigt das Ergebnis, daß in der Bundesrepublik Deutschland nur 18 Prozent der BürgerInnen (davon 24 % in Ost und 16 % in West) ehrenamtlich, mindestens einmal im Monat, aktiv sind. Das ist deutlich weniger als der internationale Durchschnitt von 27 Prozent. Allerdings können die über die Krise des bürgerschaftlichen Engagements Klagenden sich damit beruhigen, daß aus der Studie ebenso hervorgeht, daß diejenigen, die aktiv sind – entgegen anderen Meldungen, die besagen, daß der „neue Ehrenamtliche“ sich eher sporadisch, kurzfristig und für bestimmte (vorübergehende) Belange engagieren will – offensichtlich viel regelmäßiger und verläßlicher dabei sind, als diejenigen in europäischen Nachbarländern, und daß weitere 16 Prozent der bundesdeutschen Menschen ehrenamtlich unbezahlt tätig würden, wenn Ermöglichungsstrukturen geschaffen würden. Diese 16 Prozent zu motivieren und zu aktivieren, ist das Ziel sozialpolitischer Diskussion.

Grundsätzlich wird durch zahlreiche Studien eine wesentlich höhere Bereitschaft unterstellt, sich für „gemeinwesenorientierte“ Projekte zu engagieren. Meist ist davon die Rede, daß viele Bürger (!) mobilisiert und aktiviert werden könnten, wenn es gelänge, traditionelle Angebote und sich neu entwickelnde Nachfrage zusammenzubringen und „das ‘schlafende’ Engagementpotential nicht aus den Augen zu verlieren“ (Klages 1999, S. 111).

Auf den Punkt brachte es Bischof Krause bei einer Veranstaltung Ende 1997 im Deutschen Bundestag. Er sprach von einem „Topf voll potentiell aktiver

Menschen". Für diesen Topf, so Bischof Krause, gelte es nun, den passenden Henkel zu finden.

Bundesministerin Claudia Nolte wollte während ihrer Amtszeit den Henkel mit der neu eingerichteten Stiftung „Bürger für Bürger" bereits gefunden haben. Von ihr wurde das Ehrenamt als eine „tragende Säule" des Sozialstaats betrachtet, deshalb müsse ehrenamtlich und unentgeltlich zu arbeiten wieder „in" sein und als Teil des Lebens begriffen werden. Auch „die neue Bundesregierung mißt dem gesellschaftlichen Engagement der Bürgerinnen und Bürger...hohe Bedeutung zu" (Bürger für Bürger 1998, S. 2).

Bemerkenswert ist bei dieser Art von Veranstaltungen und Verlautbarungen, daß stets von Frauen und Männern gesprochen wird und sich die Appelle ebenso an beide Geschlechter richten. Wer glaubt denn wirklich, daß Männer in größerer Anzahl als bisher für die mit Sorge und Pflege verbundenen unbezahlten Arbeiten im Sozial- und Gesundheitsbereich zu gewinnen sind? Frauen sind es nach wie vor, die durch die Kampagnen – egal ob für traditionelles oder neues Ehrenamt – angesprochen werden sollen. (Die meisten) Männer werden Pfadfinder, Feuerwehrleute oder Ärzte ohne Grenzen, Gemeinderäte oder Übungsleiter im Sport. Studien, wie z.B. die Zeitbudgeterhebung der (alten) Bundesregierung, die das Ergebnis haben, daß Männer mehr unbezahlte Arbeit im Ehrenamt leisten, als Frauen, werfen diese Tätigkeiten, die meist neben der Berufsarbeit geleistet werden, in einen Topf mit den sozialen Ehrenämtern (Statistisches Bundesamt 1995). Daß die ehrenamtliche Arbeit für erwerbslose Jugendliche, Langzeitarbeitslose und für andere „Problemgruppen“ des Arbeitsmarktes wenig Betätigungsmöglichkeiten anbietet und auf sie ganz offensichtlich auch wenig Attraktivität ausübt, ist vielfach erwähnt (z.B. Notz 1987, Zander/Notz 1997).

Das „neue" Ehrenamt

„Dritter Sektor“, Selbsthilfe, neues Ehrenamt, freitätige Mitarbeit, Bürgerschaftliches Engagement, Volonteering, Arbeit non for profit, Gemeinsinn, Bürgerarbeit sind „soziale Erfindungen“ der letzten Jahre, durch die der nach Ansicht vieler Ehrenamtlicher mißglückte Begriff ersetzt werden soll. Sie erscheinen als soziale Innovationen, scheinbar befreit von Muff und Staub, die dem alten karitativen Ehrenamt, ausgeführt durch die ehrenwerten Damen (vgl. Notz 1989), anhaften. „Freiwillig, sozial und jung“ kommt das Freiwillige Soziale Jahr daher.

Das neue Ehrenamt hat nicht nur vielfältige Bezeichnungen, sondern es wird auch situativ Verschiedenes darunter verstanden. Der Selbsthilfebereich wurde in der Alt-BRD zuerst als „neues Ehrenamt“ bezeichnet. Dort war er zu Beginn der siebziger Jahre oft ein Stachel im Fleisch der etablierten Wohlfahrtsverbände und Sozialsysteme. Zum Selbsthilfebereich gehört sowohl die aktive Beteiligung in Selbsthilfegruppen als auch das darüber hinausgehende Engagement, das erforderlich ist, um Aktivitäten im Selbsthilfebereich ins Leben zu rufen, am Laufen zu halten und um insgesamt diesen Bereich zu unterstützen. Selbsthelfer-

Innen treffen sich vor allem, um eigene Probleme aus eigener Kraft, bzw. gemeinsame Probleme und Notlagen mit gemeinsamer Anstrengung zu lösen, bzw. Lebensbedingungen gemeinsam und selbstbestimmt zu gestalten. In der Regel gibt es in einer Selbsthilfegruppe keine Hierarchien; alle Mitglieder sind gleichberechtigt.

Eine Trennung zwischen Selbsthilfe und Ehrenamt ist in vielen Fällen nur schwer vorzunehmen. Obwohl SelbsthelferInnen meist nicht mit Ehrenamtlichen verwechselt werden wollen, birgt ehrenamtliche Arbeit immer auch Selbsthilfeaspekte in sich, so wie eine Selbsthilfearbeit ohne Unterstützung durch Fremdhilfe nur schwer durchführbar ist.

Ein anderer Begriff, der für das „neue Ehrenamt“ verwendet wird, ist *bürgerschaftliches Engagement*. Darunter werden meist Aktivitäten und das Engagement in unterschiedlichen selbstorganisierten Initiativen, auch im sozialen Bereich (z.B. autonomen Fraueninitiativen, Elterninitiativen) verstanden, aber auch im Umweltbereich, im Bereich von Internationalismus, Soziokultur usw.

Bürgerschaftliches Engagement ist ebensowenig wie Selbsthilfe eine wirklich neue Erscheinung, sondern begleitet die Entstehung und Entwicklung der Moderne. In Westdeutschland fand es seinen Höhepunkt Ende der sechziger Jahre in der Bürgerinitiativbewegung, die sich in kommunale, staatliche und kommerzielle Planungsprozesse einmischte. Frauenprojektbewegungen und Bürgerinitiativbewegung waren politische Bewegungen. In der sich seit den achtziger Jahren abzeichnenden Debatte um den Kommunitarismus, also den Versuch auf der Theorieebene eine Konzeption von Partizipation aller an der Gestaltung des gesellschaftlichen Lebens zu entwickeln, spielte bürgerschaftliches Engagement ebenfalls eine wichtige Rolle.

Bürgerschaftliches Engagement ist ebenso wie die anderen Begriffe situativ vieldeutig. Wir kennen heute Bürgerinitiativen, zu denen sich Eltern zusammengeschlossen haben, um Kindertagesstätten und Kindergärten zu gründen, die ihnen die Kommune nicht zur Verfügung stellt. Solche Initiativen können über den Bereich der Selbsthilfe hinausgehen, indem sie die Misere, die mit der bürgerlichen Familienideologie verbunden ist und mit dem Primat der Hausversorgung einhergeht, aufdecken und sozialstaatliche Forderungen an pädagogische Betreuung stellen oder familienpolitische Vorstellungen zur Akzeptanz anderer Formen des (Zusammen-)Lebens entwickeln. Wir kennen auch Bürgerinitiativen gegen Autobahnen und Schnellbahnen, durch deren Bau die Gefahr gesehen wird, daß die natürliche Landschaft weiter zerstört wird, und der deshalb verhindert werden soll. Wir kennen aber auch Bürgerinitiativen, die Asylantenwohnungen und Behindertenheime in dem Stadtteil, in dem die dort Engagierten wohnen, verhindern wollen und die damit diskriminierend und ausgrenzend wirken.

Andere Formen der Arbeit

Die bereits angesprochene epochale Umbruchsituation, in der wir uns befinden, wird ohne tiefgreifende Veränderungen nicht positiv gestaltet werden können. Tatsächlich ist es das erste Mal in der Geschichte, daß „die Masse der Menschen für die kleine Zahl derer, die über die Macht verfügen und für die die Menschen außerhalb ihres kleinen Kreises nur hinsichtlich ihrer Nützlichkeit von Interesse sind" materiell nicht mehr notwendig ist und wirtschaftlich erst recht nicht gebraucht wird, also „von keinem öffentlichen Nutzen" ist (Forrester 1997, S. 195). Vivian Forrester plädiert dafür, nicht mehr verbissen und mit aller Kraft am Alten festzuhalten, sondern das Fehlen der Erwerbsarbeit zur Grundlage von Zukunftsüberlegungen zu machen. Wie das geschehen soll, führt sie allerdings nicht aus.

Das tun auch viele WissenschaftlerInnen nicht, die immer wieder darauf verweisen, daß für die Zukunft nicht mehr alle Menschen Erwerbsarbeit im ersten Sektor werden finden können. Es gelte daher, den Bann der erwerbswirtschaftlichen Dominanz zu brechen; die Hoffnung auf Markt und Staat aufzugeben. Andere verweisen auf (scheinbar) phantasievolle Konzepte jenseits der kapitalistischen Marktwirtschaft. So etwa die Vorschläge zur Etablierung eines dritten Sektors (Rifkin 1995, Giddens 1997) oder das Nebeneinander verschiedener Wirtschaftsweisen, wie von Ullrich (1993, S. 95) vorgeschlagen. Von den zahlreichen Vorschlägen und Konzepten sollen einige Konzepte und ihre Intentionen, soweit sie die freiwillige Arbeit betreffen, vorgestellt werden.

Neue Freiwilligkeit als Gegenferment zur Kriminalisierung

Die Etablierung eines „dritten Sektors“ oder „dritten Systems“ ist der wohl populärste Vorschlag zur Lösung des schrumpfenden Sektors der existenzsichernden Erwerbsarbeit. Der „dritte Sektor“ bezeichnet nicht – wie in der Wirtschaftsterminologie – den Dienstleistungssektor, sondern damit ist der Sektor zwischen Markt und Staat gemeint. Die dort geleistete Arbeit dient weder der gewinnwirtschaftlichen Güter- und Dienstleistungsproduktion, also der kapitalistischen Marktwirtschaft (erster Sektor), noch verfolgt sie bestimmte hoheitliche Zwecke und öffentliche oder staatliche Verwaltungsaufgaben (zweiter Sektor). Tätigkeiten im „dritten Sektor“ sind auch nicht mit der Eigen- und Hausarbeit gleichzusetzen, die in lebensweltlichen Zusammenhängen (sog. „informellen Netzen“) geleistet wird. Rupert Graf Strachwitz bezeichnet den „dritten Sektor“ in einem 1998 erschienen Buch als „dritte Kraft“.

Durch bislang noch unausgeschöpfte Potentiale erhoffen sich WissenschaftlerInnen, neue Arbeitsplätze für Herausgefallene und Zu-kurz-Gekommene zu schaffen und das Problem der Massenerwerbslosigkeit zu lösen oder zumindest in seinen Auswirkungen mildern zu können. Zudem weckt der „dritte Sektor“ Hoffnungen, die Probleme von schwindender

Solidarität in der Gesellschaft zu bewältigen. „Gemeinsinn" ist in den Zeiten der vielbeklagten Individualisierung zum Modewort geworden. Und zwar in seiner negativen Konnotation – beklagt wird das Fehlen von Gemeinsinn. Und nach Gemeinsinn wird immer dann besonders laut gerufen, wenn sozialstaatliche Kosten dezimiert werden sollen und der Arbeitsmarkt von ungerufenen Partizipantinnen befreit werden soll.

Jeremy Rifkin, renommierter amerikanischer Wirtschaftsjournalist und Sozialphilosoph aus den USA, warnt in seinem Buch „Das Ende der Arbeit und ihre Zukunft" (1995) vor Verelendung und Gesetzlosigkeit, die er fürchtet, wenn wir den Erwerbslosen nichts Sinnvolles zu tun geben. Rifkins Hauptthese ist: „Das Informationszeitalter hat begonnen und dank immer leistungsfähigerer Computerprogramme werden wir schon bald in einer Welt ohne Arbeit leben". Die These ist selbst dann falsch, wenn man unter Arbeit nur die bezahlte Erwerbsarbeit versteht. Es sei denn, man geht davon aus, daß Menschen, die der Fürsorge und Pflege bedürfen, egal welcher Altersstufe, demnächst allein durch ehrenamtliche Arbeit versorgt werden sollen. Zudem ist es auch nicht die bezahlte Erwerbsarbeit, die ausgeht, sondern die existenzsichernd bezahlte wird immer weniger. Teilzeitarbeit, ungeschützte Arbeit und geringfügige Beschäftigung nehmen hingegen zu.

Rifkin hat allerdings recht, wenn er bemerkt, daß die Rationalisierungsprozesse noch keinesfalls am Ende sind. Im Dienstleistungssektor und im staatlichen

Sektor haben sie gerade erst begonnen. Im Zeitalter der „Denkmaschinen“ und der Fabriken mit immer weniger Menschen wird die Kluft zwischen der wachsenden Weltbevölkerung und den schrumpfenden Erwerbsmöglichkeiten tatsächlich zum größten Problem – wenn wir nicht umdenken. Rifkin verweist darauf, daß die PolitikerInnen und „die Reichen“ die Lösung in mehr innerstaatlicher Sicherheit suchen. Diese wird aus öffentlichen und privaten Geldern finanziert, um reale oder befürchtete Gewalttaten der „Ausgegrenzten“ oder „Entbehrlichen“ niederzuschlagen oder im Keim zu ersticken. Für private Sicherheitsdienste wird in den USA mehr als eineinhalb mal so viel Geld aufgewendet wie für staatliche, und sie beschäftigen zweimal so viele Menschen. Der Markt der Sicherheits- und Alarmsysteme boomt auch in der Bundesrepublik und „schwarze Sheriffs“ zur Säuberung und zum Sauberhalten der Innenstädte begegnen uns überall. Am Ende seines Buches macht Rifkin zwei Vorschläge: Erstens sollen die ArbeitnehmerInnen durch Arbeitszeitverkürzung und höhere Löhne am Produktivitätsfortschritt beteiligt werden und zweitens soll der Non-Profit-Sektor ausgebaut werden. Der Staat – so Rifkin – stehe vor der Wahl, mehr Geld für Polizisten und Gefängnisse auszugeben oder mehr Geld in den „dritten Sektor“ zu investieren.

Die Arbeitskräfte, die im marktwirtschaftlichen Sinne „nichts wert“ sind, sollen nach Rifkins Konzept in gemeinnützigen Organisationen und Projekten, freiwilliger Arbeit im Sozial- und Gesundheitsbereich, im schulischen, wissenschaftlichen und künstlerischen Bereich und in Hilfsorganisationen zu Schattenlöhnen (oder Sozialeinkommen, dessen Höhe ungeklärt ist) sinnvoll arbeiten. Nur so könne vermieden werden, daß sie „von Angst und Wut getrieben“ zu Aufständischen werden. Ein Blick in die Geschichte zeigt, daß ausgegrenzte Menschen und Menschen, die das Gefühl haben, nutzlos zu sein, sich eher verstekken als aufständisch werden, und daß fehlende Lebenschancen und -perspektiven eher zur Suche nach „einfachen“ und scheinbar klaren Erklärungen und Verhaltensmustern oder zur Flucht in Alkohol und Drogen führen. Wenn sich die sozialen Widersprüche weiter zuspitzen, ist eher eine verschärfte gesellschaftliche Entwicklung nach rechts zu befürchten. Die Zunahme von gewalttätigen und destruktiven Aktionen können Folge sein. Obwohl Untersuchungen zufolge kein kausaler Zusammenhang zwischen Erwerbslosigkeit und politischer Radikalisierung (z.B. Jugendwerk der Deutschen Shell 1997, S.19; Heitmeyer 1996, S.28), zunehmender Gewaltbereitschaft und Demokratiefeindlichkeit besteht, muß doch konstatiert werden, daß durch die Erwerbslosigkeit existenzielle Verunsicherungen und Identitätsverluste entstehen, die über die direkte Betroffenheit hinaus auf Dauer zu Loyalitätsverlust gegenüber Staat und Gesellschaft führen können. Nicht selten werden Menschen, die sich von der Gesellschaft abgelehnt fühlen, in gewaltbereite Gruppierungen, rechtsextreme Organisationen und ausländerfeindliche Haltungen und Aktivitäten geführt. Dem soll die Integration in den „dritten Sektor“ entgegenwirken.

Statt über gesellschaftliche Lösungen nachzudenken, wie das Demokratievertrauen der Herausgefallenen und Zu-kurz-Gekommenen wieder hergestellt werden kann, werden die Probleme des Arbeitsmarktes so zu individuellen Problemen gestempelt: Entweder man gehört zur neuen Elite und wird vom neu entstehenden „Wissenssektor“ aufgenommen, oder man wird durch Maschinen ersetzt, im Wirtschaftskreislauf nicht mehr gebraucht und im „dritten Sektor“ mit Arbeitstätigkeiten, die aus den tariflichen Regelungen ausgegrenzt werden sollen, zur billigen Arbeitskraft. Ursachenforschung darüber, warum bestimmte Technologien, Arbeitsorganisationen und hierarchische Ordnungen zu weiteren Spaltungen, Unterschichtungen und Diskriminierungen führen, und Wirkungsforschungen darüber, welche Gruppen das unter welchen Bedingungen trifft, werden so ausgeblendet.

Rifkins Modell ist nur eines von vielen ähnlichen „Zukunftsmodellen“. Allesamt gehen sie vom Fortbestand bzw. von der Festschreibung sozialer Ungleichheiten aus, denn sie votieren für den Fortbestand, bzw. die Verfestigung, einer gespaltenen Arbeitsgesellschaft. KämpferInnen der alten ArbeiterInnen geißelten eine solche Gesellschaft als zutiefst unmoralisch und „abnorm“. Denn „abnorm sind im Grunde genommen alle auf soziale Ungleichheit basierenden Verhältnisse“ (Rosa Luxemburg).

Neue Freiwilligkeit als Gegenferment zur Erwerbslosigkeit

Diese Kritik gilt auch für das Konzept der „Bürgerarbeit“, das die gesamte Presse nach dem Erscheinen des Berichts der Kommission für Zukunftsfragen der Freistaaten Bayern und Sachsen (1997) zum Mega-Thema gemacht hat. „Bürgerarbeit" nämlich empfiehlt Ulrich Beck, Mitglied dieser Kommission als Gegenferment zur schrumpfenden Erwerbsarbeit und zur Milderung der Krise des Sozialstaats für „Arbeitslose und Sozialhilfeempfänger, Jugendliche vor, neben und nach der Berufsausbildung, Mütter nach der Erziehungsphase, ältere Menschen im Übergang in den Rentenstand, Teilzeiterwerbstätige, vorübergehend aus der Erwerbsarbeit ausgestiegene" (Kommission für Zukunftsfragen 1997, Teil III). Ihnen unterstellt er eine Motivation für „Bürgerarbeit", denn sie suchen nach „gezielten Einsatzfeldern für freiwilliges soziales Engagement", zumindest solange es sich nicht um „junge Akademiker" handelt. Die nutzen ihr Engagement während der Erwerbslosigkeit – so nimmt die Kommission an – nämlich eher zur „Weiterqualifizierung und als Brücke in den ersten Arbeitsmarkt".

Durch die Erschließung nicht-marktgängiger, gemeinwohlorientierter Bürgerarbeit soll der Arbeitsmarkt saniert und die soziale Versorgung – trotz sozialstaatlicher Kürzungen – sicher gestellt werden. Die neuen freiwilligen Bürgerarbeiter dienen, wie die ArbeiterInnen im „dritten Sektor", dem „Gemeinwohl", das unterscheidet sie von denen, die ihre Freizeit mit individuellen Aktivitäten verbringen. In Anlehnung an Kriterien, die Anfang der siebziger Jahre von den selbstverwalteten Betrieben und der Selbsthilfebewegung entwickelt worden sind, soll Bürgerarbeit kooperativ und selbstorganisiert sein, weil viele Verbände die mangelnde Kontinuität der „neuen

Ehrenamtlichen“ beklagen, soll die Arbeit in begrenzten Projekten stattfinden.

Bürgerarbeit soll nicht entlohnt, sondern belohnt werden und zwar immateriell durch „Favor Credits“, das können etwa kostenfreie Kindergartenplätze sein. Als Rechtfertigung für die fehlende Entlohnung argumentiert Beck damit, daß öffentlicher Würdigung in unserer Gesellschaft ein ganz besonderer Stellenwert zukommt und daß man in dieser Gesellschaft alles kaufen kann, nur eben öffentliche Würdigung nicht. Zudem sei die Freiwilligkeit und die Unbezahlbarkeit selbst schon Entlohnung. Daß die Arbeit den Erwerb von Qualifikationen ermöglicht, zur Selbst-Bildung beiträgt und Tätigkeitsfelder für lebenslanges Lernen eröffnet, unterstreicht ihre scheinbare Unbezahlbarkeit. Eine angedachte Belohnung für junge Menschen erscheint angesichts der Schwierigkeiten, den gewünschten Studienplatz zu bekommen, besonders attraktiv: Bürgerarbeit soll Punkte im Numerus-Clausus-Verfahren um Studienplätze bringen können, die auch bei den Rückzahlungsverpflichtungen des BAföG-Darlehens berücksichtigt werden. Von selbst verstehen sich „öffentliche Auszeichnungen“ und Ehrungen. Neu erscheint der Vorschlag, in Unternehmen große Tafeln zu errichten, auf denen steht: „For special excelency in civil society“ und dann werden die Namen aufgelistet.

Öffentliche Ehrungen, gibt es in der Bundesrepublik bereits vielfältig – nicht nur am Tag des Ehrenamtes. In der Zukunft sollen sie durch große Unternehmen gesponsert werden. Diese sind schon immer eher geneigt, mit Hilfe steuerlicher Absetzbarkeit in Almosen zu investieren, anstatt Gewinne umzuverteilen. Problematisch erscheint Bürgerarbeit als Preis für potentielle Studierende. Hier wird die „Freiwilligkeit" stark in Frage gestellt, und zudem taucht schnell die Frage auf, welche Art von freiwilliger Arbeit öffentlich gewürdigt werden soll. Die Organisation von StudentInnenstreiks gegen Bafög-Kürzungen oder von Protesten gegen Castor-Transporte sind sicher nicht gemeint, obwohl es sich hierbei um wirklich freiwillige Arbeit handelt, die ohne Zweifel dem Gemeinwohl dient.

Nur sozialschwache Herausgefallene erhalten Bürgergeld, dessen Höhe etwa der Sozialhilfe entsprechen soll. Durch das Bürgergeld, das den neuen HelferInnen ohnehin zustehen würde, soll bisher ehrenamtlich geleistete Arbeit für Menschen, die der Hilfe bedürfen, auch ökonomisch sichtbar werden. Dies wird betont, obwohl die neuen HelferInnen keine müde Mark zusätzlich dafür bekommen, die denjenigen, die gemeinnützige Arbeit als SozialhilfeempfängerInnen in Form von „Arbeitsgelegenheiten" gemäß BSHG leisten, immerhin zusteht – wenn es sich auch nur um ein kleines zusätzliches Taschengeld handelt. Allerdings haben sie auch Sanktionen in Form von Leistungskürzungen zu erwarten, diese brauchen die „neuen Freiwilligen" offensichtlich nicht zu befürchten.

Die Gefahr, daß „die neueste Art, die Frauen aus der sich verschärfenden Konkurrenz auf dem Arbeitsmarkt zu verdrängen", für die Zukunft nicht mehr heißen muß: „Frauen zurück an den Herd!, sondern: Vorwärts in die Bürgerarbeit“ (Beck 1999, S.145), sieht auch Ulrich Beck. Er nimmt die Forderungen von Feministinnen nach Umverteilung aller gesellschaftlich notwendigen Arbeiten (scheinbar) auf (Verweis auf Notz 1998), plädiert jedoch weiter für Bürgerarbeit als Ersatzarbeit zur Erwerbsarbeit, „insbesondere für Langsame, Schwache, Abweichende“ (Beck 1999, S.147). Die „neuen Freiwilligen“ sind ganz offensichtlich die „Freigesetzten“.

Beck ist mit diesem Konzept populär geworden. Das Bestechende daran ist, daß Arbeitslosenhilfe- und SozialhilfeempfängerInnen sich selbst umdefinieren können: Sie stehen vor der Wahl, erwerbslos zu bleiben und langfristig Sozialhilfe zu beziehen oder im Freiwilligensektor öffentlich tätig zu werden. Erwerbslos sind sie dann nicht mehr. Sie haben Zeit und nutzen diese sinnvoll, nicht selbstlos, sondern weil es ihnen Spaß macht. Und sie genießen eine höhere soziale Anerkennung, sind nicht Unterstützungs-, sondern ZuwendungsempfängerInnen. Aus vielen Studien wissen wir, wie wichtig die Teilhabe an gesellschaftlich organisierter Arbeit für die Menschen ist (vgl. Notz 1989). Der Aspekt des höheren sozialen Status dürfte für viele, die aus der Rolle der BittstellerInnen heraus wollen, attraktiv sein. „‘Ich bin Bürgerarbeiter’, das klingt doch besser als: ‘Ich bin seit drei Jahren arbeitslos’“, genau so sieht das auch Ulrich Beck (1999, S.149). Der materielle Ertrag der Arbeit soll hinter der Sinnstiftung verschwinden. „Daß ich noch gebraucht werde“, das baut die „erwerbslose Beiköchin der Dresdner Tafel“ (S.150) ganz ohne Zweifel auf. Ob sie selbst darin ein „Zukunftsmodell“ sieht, ist allerdings zu bezweifeln.

Die Schlüsselidee der Bürgerarbeit ist, daß „das Unternehmerische mit der Arbeit für das Gemeinwohl verbunden werden“ soll. Und um das zu erreichen, braucht man den Typus des „Gemeinwohl-Unternehmers“. ER soll „die Fertigkeiten und die Kunst des Unternehmers im emphatischen Wortsinn“ für soziale, gemeinnützige Zwecke einsetzen. Auf zwei DIN-A4-Seiten beschreibt Beck den professionellen Projektmanager als „personifizierten Initiativreichtum, als „visionären Pragmatiker“ (S. 154) oder „charismatische Führerpersönlichkeit“ (!) für den es noch keine Vorbilder gibt. Er ist ganz offensichtlich männlichen Geschlechts und kein „Homunkulus der Not“, sondern eine „reale hochaktive Person“. Er kann Menschen „verführen, Dinge zu tun, die sie sonst vielleicht gar nicht in Erwägung gezogen hätten“. Offenbar ist er eine Art Rumpelstilzchen, denn er kann Stroh zu Gold spinnen lassen: Die Netzwerke, die er knüpft und pflegt, lassen sich „durchaus auch in Geld verwandeln“ (S. 155).

VertreterInnen von Wohlfahrtsverbänden und Kirchen vermuten bereits die Konkurrenz, die auf sie zukommt. Sie fragen sich, was mit ihren Verbandsstrukturen passiert, wenn sie – wie das Beck’sche Konzept es vorsieht – durch „kommunale Ausschüsse für Bürgerarbeit“, welche die Gemeinwohlunternehmer kontrollieren, abgelöst werden. Die Vorsitzenden der Wohlfahrtsverbände können sich schon einmal überlegen, ob sie „im Idealfall (...) dem Sozialprofil des ‘örtlichen Sokrates'" entsprechen. Das nämlich wird von den Vorsitzenden der kommunalen Ausschüsse verlangt. Schließlich sollen sie für die Bearbeitung bzw. Beantwortung aller Fragen, die sich aus der „neuen" Arbeitsform ergeben, zuständig sein.

Die Hälfte der Erwerbslosen mit Hochschulabschluß ist bereits jetzt ehrenamtlich aktiv. Die meisten sicher, weil sie sich erhoffen, beim Kampf um die wenigen bezahlten Arbeitsplätze bessere Chancen zu haben. Für schlecht qualifizierte Erwerbslose sind neue Diskriminierungen vorhersehbar: Sie bleiben aus der Erwerbsarbeit ausgeschlossen und finden möglicherweise auch kein Gemeinwohl-Unternehmen, das an ihrer Mitarbeit interessiert ist.

Was die Umsetzung seines Konzeptes angeht, ist Beck dennoch total zuversichtlich: „Es kann sehr wohl eine große Koalition zur Durchsetzung von Bürgerarbeit geschmiedet werden". Sicher ist er nicht unrealistisch, wenn er auf einen Allparteien-Konsens setzt. Hört man sich die Verlautbarungen zum Tag des Ehrenamtes an, der jährlich am 5. Dezember stattfindet, so ist dieser Konsens längst hergestellt. Denn alle Gruppierungen suchen nach Lösungen, um Sozialkosten zu sparen. Schließlich – so Beck – gehört das „bürgerliche Lager" zu den schärfsten Kritikern der unbezahlbar gewordenen Leistungsangebote des Wohlfahrtsstaates, die Liberalen und die Grünen waren immer für die Belebung örtlicher Bürgerinitiativen, und die SozialdemokratInnen beginnen auch die Innovationskraft eines Freiwilligen-Sektors für die Lösung zukünftiger Gesellschaftsaufgaben zu entdecken. Heide Simonis hat sich ausdrücklich für den Aufbau eines gemeinnützigen Sektors ausgesprochen. Die Arbeit dort soll auch nach ihrer Meinung die gleiche Wertschätzung erfahren wie ein Arbeitsplatz in der Wirtschaft oder im öffentlichen Dienst (Simonis 1998).

Ohne Zweifel, ehrenamtliche Arbeit ist für jede zivile Gesellschaft außerordentlich wichtig. Daher sollte sie auf mehr Menschen verteilt werden und nicht den Erwerbslosen als Ersatz angeboten werden.

Neue Freiwilligkeit zur Eröffnung neuer Handlungschancen

Als Alternativen zum sozial und ökologisch zerstörerischen Wachstums- und Konkurrenzparadigma der neoliberalen Marktwirtschaft, die immer mehr VerliererInnen hervorbringt, werden vielfältige Ansätze wie „soziale Ökonomie“ (Birkhölzer 1997) oder Gemeinwirtschaft (Ullrich 1993) diskutiert.

Ullrich sieht für die Zukunft ebenso einen viel kleiner gewordenen Sektor der Erwerbswirtschaft, einen großen Sektor der Subsistenztätigkeit und der „Hauswirtschaft“ und einen größeren Zwischensektor genossenschaftlicher, kommunaler Tätigkeit als Sektor für „Gemeinwirtschaft“, wo wichtige Arbeit nicht über Geld entlohnt, sondern über Zeit verrechnet oder auch steuerfrei Nachbarn geholfen wird. Er plädiert für Eigenarbeit. Darunter versteht er „lebenserhaltende Tätigkeit jenseits der Lohnarbeit“ (Ullrich). Sie erscheint geeignet, eine Fülle von verdrängten, verschütteten oder noch unentdeckten Handlungschancen zu eröffnen. In nachbarschaftlichen Zusammenhängen soll Selbstversorgung zur Bedürfnisbefriedigung der Beteiligten angestrebt werden. Zur Umsetzung dieses Konzepts werden „Häuser der Eigenarbeit“ vorgeschlagen. In München gibt es bereits eine solche Institution, sie ist von einer Stiftung getragen. „Häuser der Eigenarbeit“ könnten synergetisch wirken, indem sie Raum und Unterstützung bieten für die Erprobung neuer Konsumformen, steuerfreier Nachbarschaftshilfe und geldfreien Tauschens. Tauschringe, die diesen Kriterien entsprechen, schießen wie Pilze aus dem Boden. Mehr als 200 sind in den letzten Jahren in größeren und kleineren Städten der Bundesrepublik entstanden. Und sie erfreuen sich einer großen Akzeptanz bei Menschen aller politischen und weltanschaulichen Ausrichtungen. Der pluralistische Anspruch der „Bewegung“ wird darin deutlich, daß nach ihrem bundesweiten Treffen im Frühjahr 1997 in Kassel Aktive aus Tauschringen Gespräche mit PolitikerInnen *aller* im Bundestag vertretenen Parteien geführt haben und daß alle ParteienvertreterInnen die Nützlichkeit ihrer Aktivitäten unterstrichen haben. Die Mitglieder der Tauschringe finden das „gute Leben“ im Hier und Jetzt. Sie tauschen Waren und Dienstleistungen in eigenen Recheneinheiten. Talente, Kreuzer etc. sind eine Form von Geld, die in einer überschaubaren Tauschgemeinschaft als Zahlungsmittel akzeptiert werden. Sie dienen als Tauschmitttel, kaufen kann man dafür nichts. In die Ringe kann man seine Fähigkeiten einbringen, zum Nutzen der anderen und für sich selbst. Nicht in allen Städten ist eine Stunde Heckenschneiden genauso viel wert wie eine Stunde Rechtsberatung. Zu den Standardangeboten der Tauschringe gehören Babysitting, Fahrradreparieren, Tapezieren und ähnliche Leistungen, die früher – und heute noch in ländlichen Wohngebieten – in nachbarschaftlicher Hilfe erledigt wurden oder werden. Tauschringe und andere Formen der Gemeinwirtschaft können vor allem in den Großstädten dazu beitragen, mehr Austausch und neue Kommunikationsformen unter ihren Mitgliedern entstehen zu lassen. Eine Alternative für die sieben Millionen Arbeitssuchenden in der BRD sind sie sicher nicht.

Von der Freiwilligenarbeit zur Pflichtarbeit

Ausdrücklich wird in dem Konzept der „Zukunftskommission" betont, daß die Bürgerarbeit freiwillig ist und für niemanden eine Verpflichtung vorgesehen ist. Die „neuen Freiwilligen" haben offensichtlich keine Sanktionen in Form von Leistungskürzungen zu erwarten, wenn sie es vorziehen, sich auch nach der Einführung der Bürgerarbeit als Sozialhilfeempfängerinnen zu definieren.

So entgehen die Konzeptemacher dem Vorwurf, die Arbeitspflicht einführen zu wollen, auch wenn sie SozialhilfeempfängerInnen in Nicht-mehr-Erwerbslose verwandeln wollen.

Andere Konzepte, wie zum Beispiel das „Mehrschichtenmodell der Arbeit", wie es für den Club of Rome entwickelt worden ist (Giarini/Liedtke 1998, S. 231

ff.), sprechen bereits offen über Arbeitspflicht. Diese Arbeitspflicht ist für die sogenannte „erste Schicht" vorgesehen. Die dort Arbeitenden leisten „produktive Tätigkeiten" im Umfang von ca. 20 Stunden wöchentlich und erhalten dafür einen Mindestlohn. Wer die Arbeit nicht annimmt, kann keine staatlichen Gelder erhalten. In der „zweiten Schicht" kann hingegen bezahlte Arbeit für die Privatwirtschaft geleistet werden. Dort kann arbeiten, wer will (bzw. wer den Zugang erhält) und solange er will. Die „dritte Schicht" umfaßt Eigenarbeit und nicht bezahlte ehrenamtliche „freiwillige Tätigkeiten". Das Konzept ist nicht neu. Konzepte zur Pflichtarbeit wurden auch durch die „Dualwissenschaftler" der 80er Jahre in die Diskussion gebracht. Sie forderten eine „Sozialdienst", zu dem alle Bürger/innen des Landes... verpflichtet werden" sollten. Bereits damals wurden diejenigen, die dabei an faschistische Institutionen wie den Reichsarbeitsdienst dachten, der Begriffsstutzigkeit bezichtigt, denn der neue Sozialdienst sollte dezentral, auf kommunaler Ebene, mit persönlicher Zeitgestaltung des Einsatzes organisiert sein und auf soziale Arbeit begrenzt bleiben.

SozialhilfeempfängerInnen werden bereits heute immer häufiger zur Aufnahme von Arbeit verpflichtet. Gemeinnützige zusätzliche Arbeit (GZA) soll die Armgemachten in verschiedenen Regionen zur Arbeit zwingen. Wer verweigert, hat zunächst erhebliche Kürzungen der sowieso schon knappen Sozialhilfe zu erwarten, bei mehrfacher Ablehnung gibt es dann gar nichts mehr. Die Verweigerungsquote ist offensichtlich gering.

Zwangsdienste sind für die Bundesrepublik jedoch nach Art. 12 des Grundgesetzes verboten. Danach haben alle Deutschen das Recht, Beruf, Arbeitsplatz und Ausbildungsstätte frei zu wählen. Arbeitsstrafen sind nur bei gerichtlich angeordneten Freiheitsstrafen zulässig. Arbeitsdienste sollte es in einer demokratischen BRD nach dem zweiten Weltkrieg nicht mehr geben. Die Mütter und Väter des Grundgesetzes wußten warum. Es gibt keinen Grund, daran etwas zu ändern.

Was soll mit den neuen Konzepten erreicht werden?

Im „dritten Sektor", in der Bürgerarbeit, in der Gemeinwirtschaft und in ähnlichen Konzepten werden bisher nicht erschlossene Beschäftigungsmöglichkeiten – allerdings wesentlich zum Nulltarif – vermutet. Die noch unausgeschöpften Potentiale werden breit erforscht, mit dem Ziel, Wege aufzuzeigen, wie Arbeitsplätze geschaffen werden können bzw. wie das Problem der Massenerwerbslosigkeit durch die Ausweitung des „dritten Sektors" gelöst oder in seinen Auswirkungen gemindert werden kann (vgl. Kistler/Noll/Priller 1999).

Durch die Erschließung „nicht-marktgängiger, gemein-wohlorientierter Tätigkeitsfelder" soll in mehrfachem Sinne „geholfen" werden: Die Zahl der Erwerbslosen kann verringert werden, denn gemeinnützig Tätige sind keine Arbeitslosen, sie stehen dem Arbeitsmarkt nicht zur Verfügung, sie können aus den

Statistiken gestrichen werden. Zudem erscheinen diese Tätigkeitsfelder geeignet, den mit der Exklusion aus bezahlter Arbeit einhergehenden negativen Folgen, bedingt durch Entwertungserfahrungen und Ausschluß aus gesellschaftlichen Beteiligungsprozessen, entgegenzuwirken. Die Ausgegrenzten bekommen Sinnvolles zu tun und stabilisieren ihre Persönlichkeit; die zunehmende Zahl der Hilfsbedürftigen kann zum Nulltarif versorgt werden. Auch erscheint die Arbeit geeignet, den scheinbar verlorengegangenen Gemeinsinn wieder aufleben zu lassen. Das ist in unserer Ellenbogengesellschaft bitter notwendig. Es darf aber nicht auf Kosten der Armen und Ausgegrenzten gehen und ganz sicherlich nicht auf Kosten der Akzeptanz der existenzsichernden Berufstätigkeit von Frauen.

Denn diese Hoffnung spricht implizit und explizit aus den Konzepten: Daß Frauen endlich zu ihrer wahren Bestimmung zurückfinden würden, daß sich die „Erwerbsorientierungen in West- und Ostdeutschland langsam angleichen“ und „bei den Frauen (...) das Arbeitskräfteangebot (...) noch etwas weiter zurückgehen“ wird (Kommission, Teil II S.77). Auf den Punkt bringt die Zukunftskommission die eigenen Wunschvorstellungen der PolitikerInnen und WissenschaftlerInnen mit der folgenden Behauptung: „Sowohl in den alten wie in den neuen Bundesländern sind die meisten Frauen davon überzeugt, daß sie sich in der Rolle als Mutter, die nebenbei noch teilweise berufstätig ist, am wohlsten fühlen würden“ (S.36). Schuld daran ist die Familienorientierung, die ausschließlich „den Frauen“ (S. 39) unterstellt wird. Freilich wären mit rehausfrauisierten und im Freiwilligensektor arbeitenden Müttern und mit pflegenden Töchtern, die „nebenbei“ freiwillig sozial engagiert sind, vielfältige Probleme zu lösen. Zudem erscheint ihr hervorragend ausgebildetes „weibliches Arbeitslosigkeitsmanagement“ geeignet, „mit häufigen Unterbrechungen im Berufsleben“ (S.41) gut zurechtzukommen. Da Männer in dieser Hinsicht wesentlich größere Probleme zu haben scheinen, liegt es nahe, die Zumutungen, die das „Vereinbarkeitsproblem“ aufwirft, verbunden mit der Schwierigkeit von Berufsaus- und Wiedereinstieg, weiter bei den Frauen zu lassen.

Auf erforderliche fachliche und soziale Qualifikationen für verschiedene Bereiche der Arbeit, in denen die neuen Freiwilligen tätig sein sollen, wird in keinem der Konzepte eingegangen. Scheinbar können die gemeinwohlorientierten Tätigkeitsfelder von allen ausgeführt werden, egal welche fachlichen Qualifikationen sie erworben bzw. nicht erworben haben. Diese Annahme paßt nicht zu den auf hohem Niveau geführten Professionalisierungsdiskursen, den Debatten um die Notwendigkeit der theoretischen Durchdringung von sozialer Arbeit und der Arbeit im Gesundheitswesen; auch nicht zu neuen Steuerungsmodellen im Sozial- und Gesundheitsbereich mit den Forderungen nach Qualitätssicherung und Qualitätsmanagement. Als potentielle Bürgerarbeitsbereiche wird immer wieder Jugend- und Altenarbeit genannt. Angesichts der zunehmenden Probleme der Jugendlichen werden regulär entlohnte qualifizierte Soziale Dienste und neu durchdachte Angebote bzw. Anlaufstellen dringend erforderlich. Ebensowenig scheint

Bürgerarbeit alleine geeignet, die Lücken in der Altenpflege und Altenarbeit gänzlich zu schließen. Unberücksichtigt bleibt bei allen Konzepten das zum großen Teil eingebrachte hohe Qualifikationsniveau aus anderen Berufserfahrungen vor allem bei erwerbslosen Frauen. Hier klaffen eingebrachte und erforderliche Qualifikationen weit auseinander. Dequalifizierungstendenzen werden zunehmend spürbar. Sie können durch die Aufnahme von „einfachen Diensten" in der Bürgerarbeit und ähnlichen Bereichen nicht aufgefangen werden.

Ebenso unproblematisiert bleibt das schwierige Verhältnis der Zusammenarbeit zwischen hauptamtlichen und ehrenamtlichen Kräften, ein Dauerbrenner in allen Institutionen, in denen Ehrenamtliche tätig sind.

Kritik an den Sozialverbänden

Die Definitionen des „dritten Sektor" sind vielfältig und besonders im Hinblick auf die Organisationsformen völlig unterschiedlich. Akteure ganz verschiedener Richtungen und Interessen versammeln sich unter diesem Dach. Offen ist, ob sich je eine „gängige Auffassung" durchsetzen wird. Birkhölzer spricht neuerdings eher vom „dritten System" (1999, S.3) und Beck macht mit den kommunalen Ausschüssen für Bürgerarbeit ganz neue (nicht weniger hierarchisch strukturierte) Vorschläge, weil die verkrusteten Strukturen der herkömmlichen Wohlfahrtsorganisationen für viele potentielle neue Freiwillige nicht auszuhalten seien. Er grenzt sein Konzept ausdrücklich vom klassischen, durch Wohlfahrtsverbände, Kirchen und andere wohltätige Vereine organisierten Ehrenamt ab. Freiwilligen-Agenturen – die in dem meisten größeren Städten bereits vorhanden sind – sollten an deren Stelle treten. Neue Freiwilligen-Potentiale sollen durch Medien, Sozial-Sponsoring, Anerkennung von Sozialzeiten und Zeitspenden, Partizipations- und Mitgestaltungsmöglichkeiten sowie Supervision begeistert werden.

Andere subsumieren die bestehenden Strukturen in den „dritten Sektor". Nach einer Definition des WZB (Wissenschaftszentrum Berlin) zählen zum „dritten Sektor" eingetragene Vereine, gemeinnützige Vereine, Stiftungen, Einrichtungen der freien Wohlfahrtspflege, Verbraucherorganisationen, gemeinnützige GmbHs, freie Krankenhäuser, Bürgerinitiativen und Selbsthilfegruppen, also alles Einrichtungen, die keine Gewinne erwirtschaften und keine öffentlichen Behörden sind. Und im wesentlichen handelt es sich um Organisationen, in denen heute schon vielfältig ehrenamtliche Arbeit organisiert und koordiniert wird.

Birkhölzer (1999, S.3) hingegen sieht den Sektor der „Schattenökonomie" mit Nachbarschafts- und Selbsthilfe, Familienökonomie und allen Formen der illegalen (nicht kriminellen) Ökonomie als Drittes System mit „Not-for-profit-orientierung". Er setzt es gleich mit den Begriffen „soziale Ökonomie" bzw. Gemeinwesenökonomie. Dort entstehen Selbsthilfeinitiativen, die sich aus konkreten Mangelerscheinungen bilden und Güter und Dienstleistungen zur Befriedigung unversorgter Bedürfnisse bereitstellen. Er betont den kollektiven Moment der Selbstorganisation der Bürger (!), die sich nicht individualistisch, sondern auf gemeinschaftlicher Basis zusammenfinden sollen. Bewußt setzt er sich vom „klassischem Ehrenamt" ab, räumt aber ein, daß die neuen, nicht monetären Formen des Austauschs dort brisant werden, wo der Zugang zu finanziellen Mitteln schwierig wird.

Immer neue Konzepte erscheinen auf dem traditionellen oder alternativen Blättermarkt. Letztlich geht es bei allen darum, die bisher nicht ausgeschöpften Potentiale für freiwillige, unbezahlte Arbeit zu aktivieren. Das wurde bereits früher durch die Propagierung von bürgerschaftlichem Engagement und Selbsthilfe versucht. Die zunehmende Individualisierung und der Verlust von Gemeinsinn standen der Reaktivierung offensichtlich entgegen.

Obwohl Beck als „Erfinder" der Individualisierungsthese gilt, ist er es, der besonders zuversichtlich ist: Globalisierung und Individualisierung verdecken und verdrängen lediglich das Ausmaß und Potential für freiwilliges soziales Engagement. Zudem käme Bürgerarbeit den Individualisten geradezu entgegen. Schließlich wäre jeder in der Lage, das zu tun, was er gerade gerne tun möchte. Die von der Zukunftskommission in Auftrag gegebene Auswertung der Daten des Sozio-ökonomischen Panels widerlegt die „Eurovol-Untersuchung", zumindest für die Bundesrepublik. Demnach ist seit 1985 der Anteil der ehrenamtlich Aktiven um fünf Prozent gestiegen, und fast ein

Drittel der westdeutschen Bevölkerung engagieren sich in einer ehrenamtlichen Tätigkeit (Heinze/Keupp 1997). Die Kritik derjenigen, die sich der „neuen Freiwilligkeit“ verschrieben haben, richtet sich gegen die „Sozialverbände“, die den veränderten Ansprüchen der „neuen Ehrenamtlichen“ nicht gerecht würden. Die bestehenden Organisationen seien zu unbeweglich. Veränderungsvorschläge richten sich auf die Vereinfachung und Vereinheitlichung des Vereinsrechtes sowie mehr Transparenz im Steuer- und Gemeinnützigkeitsrecht. Der neue Sektor der Freiwilligenarbeit sollte politisch stärker anerkannt, zugleich aber von der Staatsfinanzierung unabhängiger werden. Statt dessen sollte die private Finanzierung, unter anderem über Sponsoring und Fundraising, stärker ausgebaut werden.

Diese Möglichkeit bezweifeln die WZB-ForscherInnen. Der Non-Profit-Sektor in der Bundesrepublik sei nun einmal größtenteils von öffentlichem Geld abhängig. Und die öffentlichen Budgets sind knapp. Die Hoffnung, daß viele gutbetuchte Deutsche ihren Gemeinsinn entdecken und nach US-Vorbild eine Stiftung nach der anderen gründen, dürfte sich nach ihrer Einschätzung nur begrenzt erfüllen. Nach ihrer Meinung seien die BürgerInnen der Bundesrepublik eher hedonistisch und nur bedingt bereit, von ihrem Besitz oder Erbe etwas abzugeben.

Was ist neu an den „neuen Freiwilligen"?

Die Realität beweist es: Bürgerarbeit, Gemeinwesenarbeit, „dritter Sektor" und „drittes System" gibt es schon lange. Ein Markt mit vielfältigen ehrenamtlichen Möglichkeiten. Ein Blick in die Geschichte zeigt, daß er zu Zeiten der Krisen immer wieder neu benannt und aufgewertet wird und daß immer dann die Werbetrommel zur Gewinnung neuer Potentiale gerührt wird. Arbeit im dritten Sektor, Bürgerarbeit und andere mit ehrenamtlichem Engagement und Gemeinsinn in Zusammenhang gebrachten Tätigkeiten werden (scheinbar) geschlechtsneutral angeboten. Bei den Arbeitstätigkeiten handelt es sich jedoch vorwiegend um solche, die bereits seit langem von Frauen unbezahlt erbracht werden (vgl. Notz 1986, 1989, Reihs 1997). Und Frauen sind es, die darauf hinweisen, daß diese Arbeitsform nicht nur von ganz besonderer gesellschaftlicher Notwendigkeit und Nützlichkeit ist, sondern auch eine sinnstiftende Komponente hat. Sie fordern, die Fixierung auf Erwerbsarbeit als einzig gültige Arbeitsform aufzugeben und andere gesellschaftlich notwendige Tätigkeiten, wie Haus- und Sorgearbeiten und unbezahlte Arbeiten im ehrenamtlichen Bereich als Arbeit anzuerkennen (z.B. Notz 1989). Sie verweisen darauf, daß Arbeit nicht nur einen Ertrag hat, sondern auch einen Sinn.

Dennoch gehen die „neuen" Konzepte an den Bedürfnissen derjenigen, die sie ausüben (sollen), vorbei. Aus vorliegenden Studien geht ebenso hervor, daß Menschen ohne eigenständige Existenzsicherung (oft) unerträglichen Abhängigkeiten ausgesetzt sind und daß ehrenamtliche Arbeit immer komplementär zur Erwerbsarbeit zu sehen ist und gerade auch für Frauen niemals „Ersatzarbeit“ sein kann (vgl. ebd.; Reihs 1997; DIW 1998). „Wer nicht frei erwerben darf, ist Sklave“. Das hat Louise Otto in ihrem Buch: „Das Recht der Frauen auf Erwerb“ bereits 1866 festgestellt. Das galt damals so gut wie heute. Viele Erfahrungen sprechen dafür, daß diejenigen, die existenziell durch ihre eigene Erwerbsarbeit abgesichert sind, am ehesten in der Lage sind, zusätzliches unbezahltes Engagement zu leisten.

Ganz besonders deutlich geht es aus einer Studie über ehrenamtliche soziale Arbeit und bürgerschaftliches Engagement in Thüringen hervor: Die Befragten sehen die Tätigkeit als notwendig an, um gemeinwesenbezogene und soziale Anliegen zu realisieren oder um sich für den Erhalt einer Initiative oder Einrichtung einzusetzen, die sie selbst mit aufgebaut haben oder deren Bestand ihnen auch nach Rückzug öffentlicher Mittel wichtig erscheint. Ganz eindeutig wird das Bild der befragten ehrenamtlichen Frauen und Männer dadurch geprägt, daß sie ehrenamtliche Tätigkeit neben der Berufstätigkeit ausüben wollen und nicht anstatt (Zander/Notz 1997). Der Wunsch der Frauen „frei für sich zu erwerben“ und selbst auf beiden Beinen zu stehen sollte bei der „Neuauflage“ von Konzepten in allererster Linie berücksichtigt werden.

Anheier (1997) geht von einer Zahl von 1,3 Millionen Beschäftigten im Non-profit-Sektor Anfang der neunziger Jahre aus. Nahezu jedes zweite Krankenhausbett, die Hälfte aller Plätze in Pflegeheimen und jeder dritte Kindergartenplatz werden vom „dritten Sektor“ getragen. Bei den sozialen Diensten kommt ein ehrenamtlicher Mitarbeiter (!) auf neun bezahlte Angestellte, auf dem Gebiet von Freizeit und Kultur hingegen stehen sechs „Freiwillige“ einem bezahlten Mitarbeiter (!) gegenüber. Die politisch oft beschworenen Bewegungen der Selbsthilfegruppen und Bürgerinitiativen machen nach Anheier et al (1997) nur einen kleinen Teil des „dritten Sektors“ aus. Mächtig seien nach wie vor die freien Wohlfahrtsverbände wie katholische Caritas, die SPD-nahe Arbeiterwohlfahrt, die evangelische Diakonie, das Deutsche Rote Kreuz und der Deutsche Paritätische Wohlfahrtsverband. Sie profitieren am meisten vom traditionellen Subsidiaritätsprinzip. Nach diesem Prinzip delegiert der Staat soziale Dienstleistungen möglichst an Non-Profit-Organisationen und unterstützt diese finanziell bei ihren Aufgaben.

Die bekanntesten Organisationen und Institutionen des „dritten Sektors“ existieren in Deutschland auf dem Gebiet des Sozial-, Gesundheits- und Bildungswesens (Wohlfahrts- und Jugendverbände), im Sport- und Freizeitbereich (Vereinswesen), im Natur- und Umweltschutz sowie bei der Förderung gemeinnütziger Zwecke (Stiftungen). Sie arbeiten allesamt, ohne Gewinn zu machen (non-profit-Sektor). Und sie sind allesamt nicht neu: Wohlfahrtsverbände gibt es seit der Jahrhundertwende und Sportvereine noch länger. Nun qualifiziert man ihre Strukturen als verkrustet ab und versucht, ihnen „neue“ Agentur-Formen entgegenzusetzen. Die verkrusteten Strukturen der Verbände sind doch vor allem darauf zurückzuführen, daß sie sich (immer noch) an der voll in Haushalt und „Ehrenamt" aufgehenden Hausarbeiterin bzw. „Zuverdienerin" orientieren. Diese Orientierung behalten alle Konzepte zum „neuen Ehrenamt" bei.

Alter Wein in neuen Schläuchen?

Neue Freiwilligkeit soll dem „Gemeinwohl" dienen, der Auflösung von traditionellen Orten von „Gemeinschaft" entgegenwirken. Was stabilisiert werden soll, sind jedoch Orte, die längst in ihrer Zwiespältigkeit entlarvt sind. Familie als Keimzelle bewahren zu wollen, heißt auch, alte Unterdrückungsformen zu bewahren. Selbstorganisation, Basisdemokratie und Aufhebung der patriarchalen Arbeitsteilung sehen die (meisten Konzepte) nicht vor. Oft sind sie nur neuer Wein in alten Schläuchen – oder heißt es alter Wein in neuen Schläuchen?

Zudem sind die Arbeiten, die mit diesen Bezeichnungen versehen werden, ganz überwiegend Reparaturarbeiten für die sozialen, gesundheitlichen, psychischen, kulturellen und ökologischen Schäden, die der erste und zweite Sektor produzieren. Frauen sind es, welche die Trümmer immer wieder aufräumen und die Versorgungs- und Entsorgungsarbeiten übernehmen, derer sich (die meisten) Männer entledigen. Es gälte dringend, die verheerenden Folgen der kapitalistisch-patriarchalen Marktwirtschaft für die Zukunft zu vermeiden, damit die Trümmer-, Aufräum- und Kummerarbeiten sich nicht ins Bodenlose ausdehnen. Und zwar so, daß soziale Ungleichheit und die Ungleichheit zwischen den Geschlechtern aufgehoben wird.

Wie schon früher in der Geschichte auch werden statt dessen diese Arbeiten, ebenso wie notwendige Versorgungsarbeiten, den Menschen, die in der Erwerbsarbeit nicht erwünscht oder nicht gebraucht werden als „Ersatzarbeiten" angeboten. Im Gegensatz zu früher sind das nun nicht mehr vor allem Hausfrauen, sondern auch erwerbslose Frauen und Männer. So entstehen neue Segmentierungen und soziale Unterschichtungen.

Ähnliche Konzepte wurden bereits Ende der siebziger Jahre unter den Begriffen „Duales System" oder „Dualwirtschaft" diskutiert. Schon damals wurden Hausarbeit und Kindererziehung nicht in die Konzepte einbezogen. Sie sind und bleiben offenbar unsichtbar und sind auch nicht mit „Bürgergeld" bezahlbar, verbleiben im Bereich der „Nichtarbeit" und an ihrer geschlechtlichen Zuordnung wird nicht gerüttelt.

Notwendig wird es, Arbeit und Wachstum endlich neu zu definieren. Unter Arbeit wird (immer noch) industrielle Arbeit, die der Herstellung und Umgestaltung von Waren dient, verstanden. Arbeit ist aber auch die nicht marktvermittelte Tätigkeit im sozialen Ehrenamt, in der Nachbarschaftshilfe und in der Haus- und Sorgearbeit. Und Wachstum, positiv gewendet, hieße Demokratisierung und Humanisierung *aller* Arbeits- und Lebensbedingungen, es hieße Zuwachs an Lebensqualität.

Allerdings taugt es wenig, den von Feministinnen entwickelten „erweiterten“ Arbeitsbegriff aufzunehmen und bisher im Bereich der Reproduktion angesiedelte Tätigkeiten ideologisch aufzuwerten. So werden sozialstaatliche Abbausstrategien zu rechtfertigen versucht und Strukturveränderungen erscheinen nicht notwendig. Für erwerbslose Frauen wie Männer ist der Hinweis auf die „andere Arbeit“, in der sie in Haushalt, Nachbarschaft und Freizeit Erfüllung finden können, eine Verhöhnung. Besonders Frauen aus Ostdeutschland wehren sich dagegen, daß ihre Projekte, die sie zur Überbrückung des Arbeitsplatzdefizits im öffentlichen und privaten Sektor im ehrenamtlichen Bereich auf- und ausgebaut haben, nunmehr als Pionierarbeit für „ein neues Verständnis von Arbeit“ mißbraucht werden. Sie wollen nicht als „Manövriermasse“ oder „Konjunkturpuffer“ für eine unterlassene Neuverteilung von Arbeit benutzt werden.

Die neuen Konzeptemacher sind ebensowenig wie die alten Verfechter der ehrenamtlichen Arbeit an einer Aufhebung der sozialen und der geschlechterspezifischen Ungleichheit interessiert. Im Gegenteil – die wachsende Ungleichheit wird faktisch billigend in Kauf genommen und sogar befördert, nach dem Motto „eine Gesellschaft lebt dynamischer, wenn es Ungleichheiten gibt“.

Es geht auch nicht um den Abbau und Ausgleich sozial bedingter oder geschlechtsbedingter Benachteiligungen und Zwänge. Reden ist Silber – Helfen ist Gold, so eine Kampagne der Bundesregierung Mitte der achtziger Jahre – ist ein Slogan, der auch für die neuen Freiwilligen gilt: Tut Gutes und redet nicht viel über die Mißstände. „Lust aufs Ehrenamt“ soll 1999 mit einem Fotowettbewerb der Stiftung „Bürger für Bürger“ geweckt werden.

Selbsthilfe, bürgerschaftliches Engagement, Gemeinwesenarbeit oder Bürgerarbeit: Sie sind allesamt keine neuen Arbeitsformen. Es geht darum, Kosten zu sparen, Wunden, die das kapitalistisch-patriarchale System geschlagen hat, zu heilen und nicht darum, gleichzeitig die Mißstände anzuprangern oder gar Handlungskonzepte zu deren Aufhebung zu entwickeln. Das Einrichten von „Tafeln“ mit aussortierten Lebensmitteln für Arme und Hilfsbedürftige mindert den Reichtum der Wohlhabenden ebensowenig, wie es das Verteilen von Armensuppe der „besser gestellten Damen“ zu Beginn der Industrialisierung getan hat. Es ist aber geeignet, das soziale Prestige der Wohltätigen zu mehren und die Hungernden zu demütigen. Sie sind die BittstellerInnen und sie bleiben arm.

Wir sollten schon unsere Kinder lehren, daß es unerträglich ist und daß man etwas dagegen unternehmen muß, daß Menschen Hunger leiden, während andere vor Wohlstand beinahe platzen. Wir sollten sie auch lehren, daß man Freiheit und Menschenrechte nicht verteidigen kann, indem man Bomben auf ein Land wirft. Und wir sollten sie so erziehen, daß sie lernen, daß es schwer ist, gegen den Strom zu schwimmen, aber daß es möglich ist.

Konzepte für die Zukunft

Die Menschen der Zukunft werden – insgesamt gesehen – immer weniger Zeit am (bezahlten) Erwerbsarbeitsplatz verbringen und über immer mehr freie Zeit verfügen. Ob Freizeit durch unfreiwillige Teilzeitarbeit, ungeschützte Arbeit, Hausarbeit oder Erwerbslosigkeit und unbezahlte Arbeit – für einen Teil der Bevölkerung – erzwungen sein wird oder ob sie aus der Verteilung der Produktionszuwächse resultiert und mit kürzeren Wochenarbeitszeiten einhergehen wird, ist eine ungelöste politische Frage. Die Antwort wird auch davon abhängen, wie sich die Menschen zur Wehr setzen. Schließlich sind sie nicht nur Opfer der Verhältnisse, sondern auch handelnde Subjekte.

Die alten Forderungen der ArbeiterInnenbewegung nach Auflösung der sozialen Ungleichheit, der gesellschaftlichen Exklusion und der Ungleichheit zwischen den Geschlechtern sind wieder aufzunehmen. Schließlich geht es darum, die Machtfrage neu zu stellen. Voraussetzung hierfür ist allerdings, daß das Ziel der Aufhebung der Ausbeutung von Menschen durch Menschen noch AnhängerInnen findet.

Durch zunehmende Globalisierung und die Herausbildung multinationaler Konzerne und vor allem durch die Bildung immer engerer, zunächst vor allem wirtschaftlicher Zusammenschlüsse, verstärkt sich die Notwendigkeit einer international koordinierten Arbeitsmarkt- und Sozialpolitik, die gegen weitere Ausgrenzung und Zunahme der sozialen Ungleichheit gerichtet ist.

Ohne den Druck organisierter und nicht organisierter außerstaatlicher AkteurInnen, die schon zu Beginn der Industrialisierung „Antworten“ auf die soziale Frage forderten (Verein für Sozialpolitik, die Kirchen beider Konfessionen und die bürgerliche und beginnende proletarische Frauenbewegung), wäre der Sozialstaat in der Bundesrepublik überhaupt nicht etabliert worden. Diesen Druck gilt es – unter den neuen Bedingungen, die die Umbruchsituation zur Folge hat – auch beim erforderlichen „Umbau“ aufzunehmen.

Mit Sicherheit wird es für die Zukunft immer dringlicher, über Konzepte jenseits der fremdbestimmten Lohnarbeit nachzudenken. Es geht um Visionen einer zukünftigen Arbeitsgesellschaft, in der der Gesamtzusammenhang von Arbeit und Leben, Existenzsicherung und Eigentätigkeit von Individuen und Gesellschaft neu gestaltet wird. Und mit der Umsetzung dieser Visionen muß hier und heute begonnen werden.

Wenn es um die Schaffung neuer Beschäftigungsmöglichkeiten in einem wie auch immer genannten Segment des Arbeitsmarktes geht, dürfen, solange wir unter den Bedingungen der neoliberalen Marktwirtschaft leben, nur solche Konzepte unterstützt werden, die dazu führen, daß die Leistungen in den sozialen und gesundheitlichen Diensten ebenso regulär bezahlt werden wie andere Arbeitstätigkeiten auch. Statt bezahlte Arbeit in unbezahlte zu verwandeln, müßten umgekehrt die in weiten Bereichen durch Kirchenrecht oder gar nicht geregelten Arbeitsbedingungen und die geringfügigen und ungeschützten Arbeitsverhältnisse tariflich ausgerichtet, humanisiert und demokratisiert werden, so daß den Arbeitgebern Grenzen gesetzt werden, wenn sie etwa unbezahlte Mehrarbeit verlangen. Das heißt überhaupt nicht, daß alle jetzt unbezahlt geleisteten Arbeiten professionalisiert werden sollen und damit den Kriterien der Lohnarbeit unterstellt werden. *Aber sie können erst dann wirklich freiwillig und aus Liebe verrichtet werden, wenn die eigenständige Existenzsicherung der Helfenden gewährleistet und die professionelle Versorgung der Hilfsbedürftigen sichergestellt ist.*

Schließlich sind Kindergärten, Wohngemeinschaften, Frauenprojekte, Alten-Service-Zentren auch dann Orte von Gemeinschaft, wenn dort gut ausgebildete und nach dem geltenden Tarifrecht bezahlte Arbeitskräfte arbeiten. Anstatt solchen Projekten den Geldhahn zuzudrehen, könnten dort weitere sinnvolle, gesellschaftlich nützliche Arbeitsplätze geschaffen werden.

Umverteilung für alle statt Einteilung in Sektoren

Aus frauenpolitischem Interesse erscheint es nicht sinnvoll, die vorhandene Arbeit in (neue oder alte) Sektoren einzuteilen und damit alte Schichtenmodelle und patriarchale Arbeitsverteilungen festzuschreiben und neue Unterschichtungen zu befördern. Die Gefahr, daß durch solche Konzepte Frauen an die ihnen scheinbar zukommenden Orte verwiesen werden, bzw. an ihnen festgehalten werden und in alte Abhängigkeiten verfallen, ist jedenfalls groß. Aus feministischer Sicht gibt es wünschenswertere Visionen für eine zukünftige Gestaltung von Arbeit und Leben.

Es ist höchste Zeit, den düsteren Prognosen, die eine Zweidrittel- oder Vierfünftel-Gesellschaft, eine Schattenwirtschaft oder eine Dreiklassenwirtschaft skizzieren, und Konzepten, die deren Fortbestand zur Grundlage ihrer Zukunftsperspektiven erheben, Alternativen entgegenzusetzen. Fakt ist, daß die existenzsichernd bezahlte Erwerbsarbeit in allen hochindustrialisierten Ländern schrumpft, die unbezahlte Arbeit hingegen in dem Maße zunimmt, wie Arbeit in anderen Sektoren abgebaut wird, bzw. wie die dort verursachten Schäden repariert werden müssen. Das „Normalarbeitsverhältnis" muß ganz dringend neu definiert werden.

Auf die Globalisierung und Internationalisierung der Arbeitsmärkte und der damit einhergehenden Exklusion einer immer größeren Beschäftigtengruppe könnte auch mit einer Globalisierung der Gegenwehr geantwortet werden – etwa einem Empowerment für Frauen (vgl. Wichterich 1998). Das hieße, die Selbsthilfepotentiale der Ausgegrenzten und Zu-kurz-Kommenden zu stärken. Das alleine wird allerdings nicht reichen. Es geht auch um eine Re-Politisierung der sozialen Frage. Es geht darum, die soziale Ungleichheit anzuprangern und Handlungsstrategien für eine Gesellschaft von ebenbürtigen Individuen zu entwickeln.

„Alte" und „neue" ehrenamtliche Arbeiten sind in unserer immer kälter werdenden Ellbogengesellschaft unbedingt notwendig. Aber sie werden in der Zukunft nicht mehr fast ausschließlich von Frauen erbracht werden und schon gar nicht als Ersatz für bezahlte Arbeit geleistet werden können.

Sinnvoller erscheint eine Umverteilung von gesellschaftlich notwendiger und sinnvoller Arbeit und eine Umverteilung der Verantwortung für die Mit- und Umwelt auf beide Geschlechter durch Arbeitszeitverkürzung im Bereich der Vollzeiterwerbsarbeit (Sechs-Stunden-Tag) und durch Abbau von Überstunden. Unter sinnvoller Arbeit ist eine Arbeit zu verstehen, die der Erstellung eines gesellschaftlich nützlichen Produktes oder einer solchen Dienstleistung dient, die der Persönlichkeitsentwicklung der Arbeitenden förderlich ist und durch deren Herstellung weder die menschliche Umwelt noch die Mitwelt negativ beeinflußt wird. Das alleine wird nicht reichen. Umverteilt und neu gestaltet werden muß dann auch der Bereich der (jetzt) unbezahlt geleisteten Arbeit. „Umbewertung von Arbeit“ (Braun 1998) ist Voraussetzung für eine sozial- und geschlechtergerechte Umverteilung.

Damit alle Menschen – Männer wie Frauen – sich auf anderen Gebieten jenseits der Erwerbsarbeit versuchen können, wird es notwendig, daß die gesellschaftliche Arbeit qualitativ neu bestimmt und quantitativ neu verteilt wird. Wir brauchen eine Umverteilung in mehrere Richtungen: Wir brauchen eine Steigerung ökologischer Investitionen sowie von Investitionen für humanere Arbeitsorganisation und Arbeitsgestaltung, eine Gleichverteilung der bezahlt und unbezahlt geleisteten Arbeiten auf beide Geschlechter, eine

Umverteilung des gesellschaftlichen Reichtums und soziale Transfers in die Armutsregionen der Welt.

Auch die Frage der Verantwortung muß neu gestellt und vor allem muß Gemeinsinn und Gemeinschaft auch auf einen transnationalen Raum hin konzipiert werden.

Arbeit in allen Bereichen, nicht nur in einer definierten „Humanzeit", sollte als Ort der Kommunikation und Kooperation, der gesellschaftlichen Partizipation und der Möglichkeit zum solidarischen Handeln reaktiviert werden. Die „neuen" Arbeitsformen der „neuen" Freiwilligen, egal wie sie benannt werden, entsprechen nicht per se diesen Bedingungen, ebensowenig, wie sie per se befriedigendere Lebensbedingungen schaffen als bezahlte Arbeit. „Lebenssinn und Sozialprofit" kann und soll auch im Bereich der bezahlten Tätigkeitsbereiche produziert werden.

Die Forderung nach radikaler Arbeitszeitverkürzung im Bereich der Vollzeit-Erwerbsarbeit für alle mit dem Ziel, existenzsichernder sinnvoller Arbeit für alle, die das wollen, verbunden mit der Möglichkeit, die erwerbsarbeitsfreie Zeit (auch) für Haus- und Sorgearbeiten und für künstlerische, kulturelle, politische oder gemeinwesenorientierte Arbeiten zu nutzen, also nach einer Gleichverteilung der (jetzt) bezahlt und (jetzt) unbezahlt geleisteten Arbeiten auf Männer und Frauen, darf nicht aufgegeben werden. Es geht um eine Sicht auf die Arbeit als Ganzes und um die Möglichkeit der Teilhabe von Männern und Frauen am ganzen Leben.

Orte des Gemeinsinns und des guten Lebens

Sicher muß der (scheinbar) verlorengegangene Gemeinschaftssinn wieder aufleben, aber nicht auf Kosten der Armen und Ausgegrenzten. Und entwickelte Konzepte dürfen nicht dazu führen, daß die Qualifikationspotentiale weiter Bevölkerungskreise sich nicht entwickeln können oder entwertet werden. Sicher brauchen wir nicht nur ökonomische Gegenkonzepte, auch ökologisch orientierte werden nicht ausreichen, wir brauchen auch soziale Gegenkonzepte und zwar für die Strukturen, die beide Bereiche menschlicher Arbeit festlegen – für Beruf und Familie.

Argumente, die darauf verweisen, daß es heute keine fertigen Lösungen, keine universellen Utopien mehr gäbe, daß alle Menschen ihre Existenzen selbst basteln müßten, weil „der individualisierte Mensch" permanent mit einer Vielzahl von (Selbst-)Stilisierungsformen und Sinnangeboten konfrontiert sei, und daß es eben keine „fertigen sozialen Schnittmuster für die alltägliche Lebensführung" gäbe, weil diese an Gebrauchswert verlieren (z.B. Keupp 1998), sind heute mega-in. Sie suggerieren, daß der Mensch unter vielfältigen Lebensformen und Lifestiles mehr oder weniger frei wählen könne. In Wirklichkeit hat er oft nur die Wahl zwischen Pest und Cholera. Zudem ist durch die Orientierung aller Gesetze, Normierungen und aller Politikbereiche am „Normalarbeitsverhältnis" und an der „Normalfamilie" die freie Wahl von Lebens- und Arbeitsformen reichlich eingeschränkt. Viele Frauen werden für „abweichende Modelle“ des Zusammenlebens bestraft. Ganz konkrete Beispiele dafür sind „Alleinerziehende“, die Sozialhilfe in Anspruch nehmen müssen, weil für sie bezahlte Arbeitsplätze noch weniger erreichbar sind und weil der „Hauptemährer“ fehlt. Und auch Frauen, die voll erwerbstätig sind, obwohl sie Kinder haben und die deshalb als „Rabenmütter“ diskriminiert werden. Für andere (Zusammen-)Lebensformen außerhalb der Kleinfamilie gibt es noch viel weniger Toleranz in der Gesellschaft. Allzuoft wird ihnen sexuelle Perversion unterstellt, um sie in Mißkredit zu bringen.

Freilich sollte niemals wieder eine äußere Autorität das Recht für sich beanspruchen, die für das Subjekt stimmigen und befriedigenden Konzepte des „richtigen und guten“ Lebens vorzugeben. Und niemals wieder sollte diese Autorität AnhängerInnen finden. Freilich sollten wir uns endgültig verabschieden von dem Gedanken, daß die menschliche Gemeinschaft ein glückliches Endziel oder ein wie auch immer ausgestattetes Paradies erreichen oder wiederherstellten könnte. Solche Utopien bergen die Gefahr, daß die Besonderheiten verschiedener Individuen und Gemeinschaften außen vor bleiben und daß menschliches Denken an einem bestimmten Punkt aufhört, nämlich dann, wenn das (vermeintliche) Ziel erreicht ist. Dringend notwendig wird es jedoch, sich darauf zu einigen, daß beispielsweise soziale Ungleichheit, geschlechterhierarchische Arbeitsteilung und vergiftete Lebensmittel nicht zum guten Leben gehören.

Auch Widerstandscamps, Demonstrationen, Hausbesetzungen sind Ereignisse, die Gemeinschaft produzieren. Dafür werden Menschen weder entlohnt, noch belohnt und sie bekommen auch keine Favor Credits. Ganz im Gegenteil. Sie werden beschimpft, mit Wasserwerfern und Schlimmerem traktiert oder in Gefängnisse geworfen. Das kritische Denken, das notwendig ist, um solche Aktionen zu planen und um MitstreiterInnen zu gewinnen, ist eines der gefährlichsten Schmuggelgüter auf den politischen Schwarzmärkten der Welt. Es ist aber das wichtigste Gut. Wenn uns lebensfähige demokratische Verhältnisse ernsthaft wichtig sind, brauchen wir Menschen, die ihren Mantel nicht dauernd nach dem gerade wehenden Wind ausrichten.

Gemeinsinn aus feministischer Perspektive gründet sich auf Individuen, die auf Solidarität ausgerichtet sind. Solche Menschen haben die Sehnsucht nach einem würdigeren Leben, nach ebenbürtigen Geschlechterverhältnissen und nach freierer Ordnung, die sie in der Ellbogengesellschaft nicht finden, nicht aufgegeben. Einige schließen sich in überschaubaren sozialen Einheiten und Lebensgemeinschaften zusammen. „Orte des Gemeinsinns“ sind auch wirtschaftliche und soziale Selbsthilfe in Frauenprojekten, im Jugendumweltbereich oder im Sinne von vernetzten Genossenschafts- und Kommunebewegungen, in denen sich Menschen zusammenschließen, um gemeinsam Dinge zu tun, die sie alleine nicht tun wollen oder gar nicht können, und weil sie mit anderen zusammenleben, arbeiten und handeln wollen. Sie entwickeln andere Formen der Selbsthilfe und gegenseitigen Hilfe und menschliche Beziehungen in einem kollektiv organisierten Leben, entwickeln Gegenkulturen, außerhalb von institutionalisierten Regelungen und Absprachen. Dazu gehört auch eine konstruktive Auseinandersetzung mit den Schäden der modernen Zivilisation, damit sind Schäden gemeint, die die Umwelt, aber auch solche, welche die zwischenmenschlichen Beziehungen betreffen. Vielleicht gelingt es solchen Zusammenschlüssen, durch ihre Betätigung „nach außen hin immer weitere Gebiete zu erschließen und ihre Anschauungen in neue Kreise zu tragen", wie es der Anarchist Rudolf Rokker (1947) für die neu entstehenden Bewegungen nach dem zweiten Weltkrieg erhofft hatte, um die Ursachen der wirtschaftlichen und sozialen Mängel zu erkennen und strukturelle Veränderungen der Gesellschaft einzuleiten.

Die Bewältigung der neuen Aufgaben, die die epochale Umbruchsituation der postmodernen Gesellschaft stellt, erlaubt jedenfalls keine wertneutrale Position, wenn die offensichtlichen Risiken von „Zukunftsmodellen" vermieden werden sollen.

T.W. Adorno ist nach wie vor zuzustimmen, wenn er sagt: „Alle Versuche, gegen die alles durchdringende Kälte anzugehen, sind zum Scheitern verurteilt, die nicht direkt an die gesellschaftlichen Wurzeln rühren, daß heißt, an die gesellschaftliche Ordnung, die die Kälte produziert und reproduziert".

Literatur

Anheier, Helmut K. u.a. (Hrsg.): Der Dritte Sektor in Deutschland. Berlin 1997

Beck, Ulrich: Risikogesellschaft. Auf dem Weg in eine andere Moderne. Frankfurt/M. 1986

Beck, Ulrich: Was heißt Globalisierung? Frankfurt/M. 1997

Beck, Ulrich: Schöne neue Arbeitswelt. Vision: Weltbürgergesellschaft. Frankfurt/M; New York 1999

Birkhölzer, Karl: „Soziale Ökonomie“ und „Dritter Sektor“ als Ausweg. In: Friedrich Heckman / Eckart Spoo (Hrsg): Wirtschaft von unten. Heilbronn 1997, S. 102-106

Birkhölzer, Karl: Ein Konzept, das aus der Praxis kommt. In: Was nun? Nr. 70/1999, S. 3-5

Braun, Anneliese: Arbeit ohne Emanzipation und Emanzipation ohne Arbeit? Berlin 1998

Bürger für Bürger: Im Gespräch, H. 1/1998

Deutsches Institut für Wirtschaftsforschung: Wochenbericht 4/1998 Frankfurter Rundschau vom 6.6.1998

Franzke Astrid/Johanna Ludwig/Gisela Notz: Neuherausgabe des Buches von Louise Otto-Peters: Das Recht der Frauen auf Erwerb. Leipzig 1997

Forrester, Viviane. Der Terror der Ökonomie. Wien 1997

Gaskin, Katharine, Justin Davis Smith, Irmtraut Paullwitz u.a.: Ein neues bürgerschaftliches Europa. Eine Untersuchung zur Verbreitung und Rolle von Volunteering in zehn Ländern. Freiburg 1996

Giarini, Orio / Liedtke, Patrick M.: Wie wir arbeiten werden: Der neue Bericht an den Club of Rome; Hamburg 1998 Globus, H.2/1998

Giddens, Anthony: Jenseits von Links und Rechts. Frankfurt/M. 1997

Graf Strachwitz, Rupert (Hrsg.): Dritter Sektor – Dritte Kraft. Stuttgart u.a. 1998

Heinze, Rolf G. / Keupp, Heiner: Gesellschaftliche Bedeutung von Tätigkeiten außerhalb der Erwerbsarbeit. Gutachten für die Kommission für Zukunftsfragen der Freistaaten Bayern und Sachsen. Bochum/München, November 1997

Heitmeyer, Wilhelm u.a.: Gewalt. Schattenseiten der Individualisierung bei Jugendlichen aus unterschiedlichen Milieus. Weinheim/ München 1995

Jugendwerk der Deutschen Shell: Jugend '97. Opladen 1997

Keupp, Heiner: Ich muß mich einmischen. Selbstsorge und Politik der Lebensführung erweitern die Berufsarbeit in der Gesellschaft. In: Die Zeit Nr. 16 vom 8. April 1998

Kistler, Ernst / Noll, Heinz-Herbert / Priller, Eckhard (Hrsg.): Perspektiven gesellschaftlichen Zusammenhalts. Berlin 1999

Klages, Helmut: Individualisierung als Triebkraft bürgerschaftlichen Engagements. In: Kistler, Ernst; Noll, Heinz-Herbert; Priller Eckhard (Hrsg.): Perspektiven gesellschaftlichen Zusammenhalts. Berlin 1999, S. 101-112

Kommission für Zukunftsfragen der Freistaaten Bayern und Sachsen: Erwerbstätigkeit und Arbeitslosigkeit in Deutschland. Entwicklung Ursachen und Maßnahmen – Teil I, II + III. Bonn 1997

Notz, Gisela: Zur Gestaltung ehrenamtlicher sozialer Arbeit. Forschungsbericht. Friedrich-Ebert-Stiftung. Bonn 1986

Notz, Gisela: Arbeit ohne Geld und Ehre? Zur Gestaltung ehrenamtlicher sozialer Arbeit. Opladen 1987

Notz, Gisela: Frauen im sozialen Ehrenamt. Ausgewählte Handlungsfelder: Rahmenbedingungen und Optionen. Freiburg 1989

Notz, Gisela: Was ist Gemeinsinn? Feministische Reflexionen, in: Sozialmagazin, H. 10/1997, S. 27-33

Reihs, Sigrid: Im Schatten von Freiheit und Erfüllung. Ehrenamtliche Arbeit in Bayern. Bochum 1995

Rifkin, Jeremy: Das Ende der Arbeit und ihre Zukunft. Frankfurt/ New York 1995

Rocker, Rudolf: Zur Betrachtung der Lage in Deutschland. Die Möglichkeit einer freiheitlichen Bewegung. New York/London/ Stockholm 1947

Senatsverwaltung Berlin: Die Sackgassen der Zukunftskommission – Streitschrift wider die Kommission für Zukunftsfragen der Freistaaten Bayern und Sachsen. Berlin 1998

Simonis, Heide: Leitbild Soziale Bürgergesellschaft. Die Entwicklung des Dritten Sektors als Aufgabe der Politik. In: Rupert Graf Strachwitz (Hrsg.): Dritter Sektor – Dritte Kraft. Stuttgart u.a. 1998

Statistisches Bundesamt (Hrsg.): Die Zeitverwendung der Bevölkerung. Ergebnisse der Zeitbudgeterhebung 1991/1992, Wiesbaden 1995

Stiftung Verbraucherinstitut: Welche Zukunft hat das Ehrenamt? Dokumentation, Berlin 1998

Strachwitz, Rupert Graf: Dritter Sektor – Dritte Kraft. Stuttgart u.a. 1998

Ullrich, Otto: Lebenserhaltende Tätigkeit jenseits der Lohnarbeit. In: Fricke, Werner (Hrsg.): Jahrbuch Arbeit und Technik. Bonn 1993, S. 84-98

Wichterich, Christa: Die globalisierte Frau. Reinbek 1998

Zander, Margherita/Notz, Gisela: Ehrenamtliche soziale Arbeit und Bürgerschaftliches Engagement in Thüringen. Heinrich-Böll-Stiftung Thüringen, September 1997

ARCHIV

Neue Genossenschaften
Alternative Ökonomie
Beschäftigungsinitiativen

CD-Rom, PDF-Format
11.659 Seiten
mit 1.241 Dateien
ISBN 3-930830-08-6

Die CD-ROM beinhaltet Publikationen im Volltext (Broschüren, Forschungsberichte, Zeitschriftenaufsätze, Selbstdarstellungen usw.). Die CD-Rom hat Geschichtsbuch-Charakter, ermöglicht die Wiederentdeckung heute oft „vergessener" Ideen. Mit ihrer Hilfe können die Wurzeln und Perspektiven neuen Wirtschaftens erkundet werden. Das Stöbern in den Originaltexten fördert zuweilen Verblüffendes zutage. Daneben haben viele Texte auch einen aktuellen bzw. praktischen Charakter – nützlich bei der Initiierung neuer Projekte: Was sind die Erfahrungen von anderen? Worin unterscheiden sich die Rechtsformen voneinander? Neben der Dokumentation von 612 Originalbeiträgen (ca. 10.000 Seiten) ermöglicht eine umfangreiche Bibliographie Einblicke bzw. einen Überblick zum Thema (630 Buchvorstellungen – meist mit Inhaltsverzeichnis und einer Kurzbeschreibung).

Die im Internet veröffentlichte Bibliographie

http://www.leibi.de/cd.htm

gibt einen Einblick in das inhaltliche Spektrum der CD-Rom. Ein Hilfsmittel zum Thema „Beschäftigungsinitiativen und Alternative Ökonomie" via Internet!

Tilo Klöck (Hg.)

Solidarische Ökonomie und Empowerment

Jahrbuch Gemeinwesenarbeit 6

ISBN 3–930830-07-8 • 312 S.

Die Lebensbedingungen haben sich durch den massenhaft eingetretenen Verlust von Erwerbsarbeit drastisch verschlechtert. Der Handlungs- und Entwicklungsbedarf, aber auch das Potential für eine Solidarische Ökonomie wächst. Es gibt Modelle, die eine besondere Qualität und Beschäftigungswirksamkeit entfalten. Die Beiträge des Bandes machen Ansätze einer nachhaltigen lokalen Entwicklung durch den Aufbau sozialer Unternehmen, Genossenschaften, Wohn- und Selbsthilfeprojekten sichtbar.

M. Mohrlok / R. Neubauer / W. Schönfelder / M. Strieder

Let's organize!

Gemeinwesenarbeit und *community organization* im Vergleich

ISBN 3–923126–81–6 • 380 S.

„Die Entwicklung, die Geschichte, die Rahmenbedingungen und die Praxis von GWA und Community Organization werden eingehend und zugleich spannend erörtert." (Gefährdetenhilfe)

Maria Bitzan / Tilo Klöck (Hg.)

Jahrbuch Gemeinwesenarbeit 5

Politikstrategien – Wendungen und Perspektiven

ISBN 3–923126–91–3 • 304 S.

Gegen die verbreitete Orientierungslosigkeit will der Band eher pragmatisch als in abgehobenen Strategie- und Theoriediskussionen vorgehen; sie stammen von Frauen und Männern aus Wissenschaft und Praxis, der Aus- und Fortbildung.

Maria Bitzan, Tilo Klöck

Wer streitet denn mit Aschenputtel?

Konfliktorientierung und Geschlechterdifferenz

ISBN 3–923126–75–1 • 364 S.

Die AutorInnen plädieren für genaue Konfliktanalysen, bewußte Konfliktstrategien und konsequente Geschlechterdifferenzierung in Problemdeutung, Handlungsansatz und Zielperspektive.

Wolf-Dieter Narr

ZUKUNFT DES SOZIALSTAATS

Als Zukunft einer Illusion?

ISBN 3-930830-/10-8 • 64 S. DM 12,–

Könnte es sein, daß der Sozialstaat keine Zukunft hat, weil er eine höchst ambivalente Vergangenheit hatte, die schon seine Zukunft verschlang? Alles entscheidend ist die demokratische Politisierung aller sozialpolitischen Bereiche.

abette Scurrell

VIELFALT DER ARBEIT

Experimente zur Verknüpfung von Erwerbs- und Versorgungsarbeit

ISBN 3-930830-12-4 • 80 S. • DM 12,–

Der Band stellt Experimente vor, um regionale Ressourcen zur Existenzsicherung in Kombination mit marktförmiger Erwerbsarbeit zu organisieren.

DGB-Bundesjugendschule (Hg.)

Kapitalismus ohne Alternativen?

ISBN: 3-930830-11-6 • ca. 140 S.

ca. 24,– DM (erscheint in Dez. 99)

Die Idylle ist vorbei. Der entfesselter Weltmarkt gefährdet mit der „Verbreitung der Werte des Marktes über alle Bereich des Lebens die Zukunft unserer offenen Gesellschaft" (Georg Soros). Die AutorInnen zeigen die verschiedene Facetten dieses Prozesses auf und entwickeln Forderungen und Alternativen. Das inhaltliche Spektrum umfaßt gewerkschaftliche ebenso wie alternativ-ökonomische Positionen. Mit Beiträgen von: Elmar Altvater, Hans-Jürgen Arlt, Ulrich Eckelmann, Rolf Schwendter und Christa Wichterich u.a.

BAG der Sozialhilfeinitiativen (Hg.)

EXISTENZGELD FÜR ALLE

Antwort auf die Krise der Sozialversicherungssystem

ISBN 3-930830-14-0 / ca. 120 S. / DM 15,– (ersch. Feb. 2000)

Das Modell „Existenzgeld für alle" zeigt den Weg in eine moderne Gesellschaft. Herwig Büchele SJ skizziert im Band die ethischen Beweggründe und die sich durch ein Grundeinkommen eröffnenden gesellschaftlichen Möglichkeiten. Das Modell der Sozialhifeinitiativen zeigt einen konkreten Weg.

VEREINSPRAXIS
Ein Ratgeber zum Vereinsrecht, zum Arbeitsrecht und zu kaufmännischen Fragen
2. Auflage aktualisiert / erweitert
mit CD-Rom mit Mustertexten und
Software zur Vereinsverwaltung
ISBN 3-923126-94-8 • 144 S. • DM 25,–

Der Ratgeber richtet sich an all jene, die sich mit rechtlichen Fragen und Problemen auseinandersetzen wollen bzw. müssen. Dies können ehrenamtliche Vorstände oder Mitarbeiter, aber auch hauptamtliche Arbeitnehmer von Vereinen sein. *Vereinspraxis* ist als Nachschlagewerk konzipiert; jedem Kapitel liegt ein inhaltlicher Schwerpunkt zugrunde.

Susana Pendzik
GRUPPENARBEIT
mit mißhandelten Frauen
Ein Handbuch • 180 S.
ISBN 3-923126-98-0 • DM 48,–

Ein praktischer Leitfaden! Die Übungen wurden entwickelt, um mißhandelten Frauen Hilfen anzubieten. Sie können sowohl in Unterstützungs- oder Selbsthilfegruppen als auch in der individuellen Arbeit angewendet werden.

NETZ für Selbstverwaltung und Selbstorganisation (Hg.)
UNTERNEHMEN MIT SOZIALER ZIELSETZUNG
Rechtliche Rahmenbedingungen in europäischen Ländern
ISBN: 3-930830-15-9 • ca. 200 Seiten
ca. 32,– DM (erscheint in Dezember 1999)

Der Beitrag, den Unternehmen mit sozialer Zielsetzung zur Schaffung von Arbeitsplätzen leisten, wird in vielen europäischen Ländern erkannt. Inwieweit die unterschiedlichen Modelle und Erfahrungen aus Belgien, Frankreich, Italien oder Spanien sich auch auf Deutschland übertragen lassen, ist die zentrale Fragestellung dieses Bandes.

UnternehmensGrün (Hg.)
ARBEIT – Strategien
der Existenzsicherung
ISBN 3-930830-13-2
1999 • 132 S. • DM 19,80

Die AutorInnen schildern, welche Hindernisse in der Praxis der Schaffung und Sicherung von Arbeitsplätzen entgegenstehen, und welche konkreten Schritte zu ihrer Beseitigung eingeleitet werden müssen.

Bestellung und weitere Informationen:

AG SPAK Bücher
Holzheimer Str. 7
89233 Neu-Ulm

www.leibi.de/spak-buecher
Fax: 07308/919095